열정으로 가득한 초심자의 마음가짐으로,
독자님과 함께 커가는 지식의 나무가 되겠습니다.

고등
한자쓰기노트900

초판 발행	2009년 11월 20일
초판 5쇄	2024년 05월 10일
발행인	이재현
발행처	리틀씨앤톡
등록일자	2022년 9월 23일
등록번호	제 2022-000106호
ISBN	978-89-6098-102-7 (13710)
주소	경기도 파주시 문발로 405 제2출판단지 활자마을
홈페이지	www.seentalk.co.kr
전화	02-338-0092
팩스	02-338-0097

ⓒ2009, 리틀씨앤톡

본 책은 저작권법에 의해 보호를 받는 저작물이므로 무단 전재와 복제를 금합니다.

머리말

　우리가 일상생활에서 사용하는 한자 어휘는 상상할 수 없을 정도로 많습니다. 즉, 한자를 알면 그 문장이나 단어를 이해하기 쉽다는 것입니다. 뿐만 아니라 대학수학능력시험에서도 한문이 제 2외국어/한문 영역의 한 과목이며 여러 대학교의 입학시험에 한문시험 점수를 반영하고 있으며 한자능력시험의 국가공인 자격증은 생활기록부와 기타 자격증란에 등재할 수 있게 되었습니다.

　한문이라는 과목은 중학교와 고등학교에서 배우는 여러 과목과 많은 연계성을 가지고 있습니다. 예를 들어 국어 과목에서 배우게 되는 고전 문학 작품이라든지 혹은 논술 문제라든지 이러한 과목들을 배울 때 한자의 어휘를 알면 더 빠르고 정확하게 이해할 수 있습니다.

　또한 중학교와 고등학교에서 배우는 필수 한자들은 학교를 졸업하고 사회에 진출하면 더욱 유용하게 쓰입니다. 현재도 많은 사람들이 한자능력시험의 자격증을 따기 위해 공부를 하고 있으며 일부 기업에서는 입사 전형, 승진 시험 등에서 한자능력시험의 자격증으로 가산점을 부여하고 있습니다.

　이 책에는 정부에서 정한 고등학교 교육용 한자 900자와 해당 한자의 활용 단어 및 부수, 필순 등을 가나다순으로 실어 한자를 쉽고 빠르게 익힐 수 있도록 하였으며 고등학교 과정에서 꼭 익혀야할 사자성어와 유의자 및 반대자를 실어 알차게 공부할 수 있도록 하였습니다.

　꾸준한 학습과 반복을 통해서 일상생활에서 한자를 활용할 수 있도록 합시다.

목차

머리말	3
한자의 부수	5
한자의 육서	6
한자의 필순	8
고등학교 한자 900자	10
사자성어	102
유의자	122
반대자	141

한자의 부수

 **변** 글자의 왼쪽에 위치한 부수를 '변'이라 한다.
- 亻(사람인 변) : 仁(어질 인), 仙(신선 선), 仕(섬길 사)
- 彳(두인 변) : 後(뒤 후), 徑(지름길 경), 很(어길 흔)
- 忄(마음심 변) : 情(뜻 정), 性(성품 성), 惟(생각할 유)

 **방** 글자의 오른쪽에 위치한 부수를 '방'이라 한다.
- 刂(칼도방) : 利(이로울 리), 劍(칼 검), 刻(새길 각)
- 卩(병부절) : 卯(토끼 묘), 印(도장 인), 卵(알 란)
- 阝(우부방) : 部(떼 부), 邦(나라 방), 邱(땅이름 구)

 **머리** 글자의 위쪽에 위치한 부수를 '머리'라고 한다.
- 冖(민갓머리) : 冠(갓 관), 冥(어두울 명), 冢(무덤 총)
- 亠(돼지해머리) : 亡(망할 망), 交(사귈 교), 京(서울 경)
- 艹(초두머리) : 草(풀 초), 芒(가시랭이 망), 芳(꽃다울 방)

 **엄** 글자의 위에서 왼쪽아래까지의 부수를 '엄'이라 한다.
- 尸(주검시엄) : 屍(주검 시), 尺(자 척), 局(판 국)
- 广(집엄) : 店(가게 점), 底(밑 저), 座(자리 좌)
- 厂(민엄호) : 厄(재앙 액), 原(언덕 원), 厭(싫을 염)

 **발** 글자의 아래 부분에 위치한 부수를 '발'이라 한다.
- 儿(어진사람인발) : 兄(맏이 형), 允(진실로 윤), 光(빛 광)
- 灬(연화발) : 熱(더울 열), 無(없을 무), 焦(그을 초)

 **받침** 글자의 왼쪽에서 아래로 걸친 부수를 '받침'이라 한다.
- 辶(갖은책받침) : 道(길 도), 過(지날 과), 近(가까울 근)
- 廴(민책받침) : 延(늘일 연), 建(세울 건), 廷(조정 정)

 **에울몸** 글자 전체를 에워싸는 부수를 '에울몸'이라 한다.
- 凵(위튼입구몸) : 凶(흉할 흉), 凹(오목할 요), 出(날 출)
- 匚(터진입구몸) : 區(구역 구), 匠(장인 장), 匱(함 궤)

 **제부수** 글자 자체가 부수인 것을 '제부수'라고 한다.
- 生(날 생), 父(아비 부), 金(쇠 금), 竹(대 죽), 食(밥 식), 音(소리 음), 牛(소 우) 등.

한자의 육서

한자를 이룰 때 여섯 가지의 원리에 따라 하게 되는 것을 말한다. 그 여섯 가지 원리는 상형, 지사, 회의, 형성, 전주와 가차의 방법을 말한다.

상형(象形) – 사물의 모양을 본떠서 만든 글자이다.

→ 川 → 川   → 山 → 山   → 口 → 口

지사(指事) – 그림으로 표현하기 힘든 내용을 선과 점 등으로 나타낸 글자이다.

→ 三 → 三   → 丏 → 四   → 七 → 七

회의(會意) – 두 개 이상의 글자가 뜻으로 합쳐져 새로운 뜻이 된 글자이다.

→ 男 → 男   → 林 → 林

형성(形聲) - 뜻 부분과 음 부분이 합쳐져서 새롭게 만들어진 글자이다.

門(문 문) + 口(입 구) → 問 (물을 문)

전주(轉注) - 글자의 뜻이 바뀌어 다른 뜻으로 변한 것으로 의미가 확대, 유추된 경우이다.

惡(악할 악) : 본래 뜻 → 惡(미워할 오) : 새로운 뜻

예 惡行(악행) → 憎惡(증오)

가차 (假借) - 의미는 상관없이 소리가 비슷한 한자를 빌려서 나타낸 것이다.

유럽(Europe) → 歐羅巴 (구라파)

한자의 필순은 엄격한 규정에 의해 꼭 이대로 써야 한다는 것은 아니지만 오랜 관습에 의해 형성된 어느 정도의 규칙을 가지고 있다. 오랜 시간에 걸쳐 사람들에 의해 만들어진 전통적인 필순은 정확한 획과 쓰기에 있어 글자의 전체적인 균형미를 더욱 살려주는 관계로 필순에는 옛 사람들의 많은 시행착오와 경험이 들어 있다고 볼 수 있다. 다음 아래의 여러 원칙을 바르게 배워보자.

1 위에서 아래로 쓴다.

一 二 三

2 왼쪽에서 오른쪽으로 쓴다.

丿 丿丨 川

3 가로획을 세로획보다 먼저 쓴다.

一 十

4 좌우대칭일 경우 중앙을 먼저 쓴다.

亅 小 小

예외 丶 丷 ⺌ 火

5 둘러싼 글자는 둘러싼 몸을 먼저 쓴다.

丨 冂 冂 同 同 同

6 글자를 꿰뚫는 획은 나중에 쓴다.

세로획

丨 口 口 中

가로획

く 夕 女

7 점은 맨 나중에 쓴다.

丿 亻 仁 代 代

8 삐침을 파임보다 먼저 쓴다.

丶 二 亠 文

9 받침

1) 받침이 독립자로 쓰이면 먼저 쓴다.

一 十 土 キ 耂 耂 走 赶 赶 起

2) 받침이 독립자가 아니면 나중에 쓴다.

丨 口 口 円 冎 冎 咼 咼 渦

過 過 過

고등 한자쓰기
900

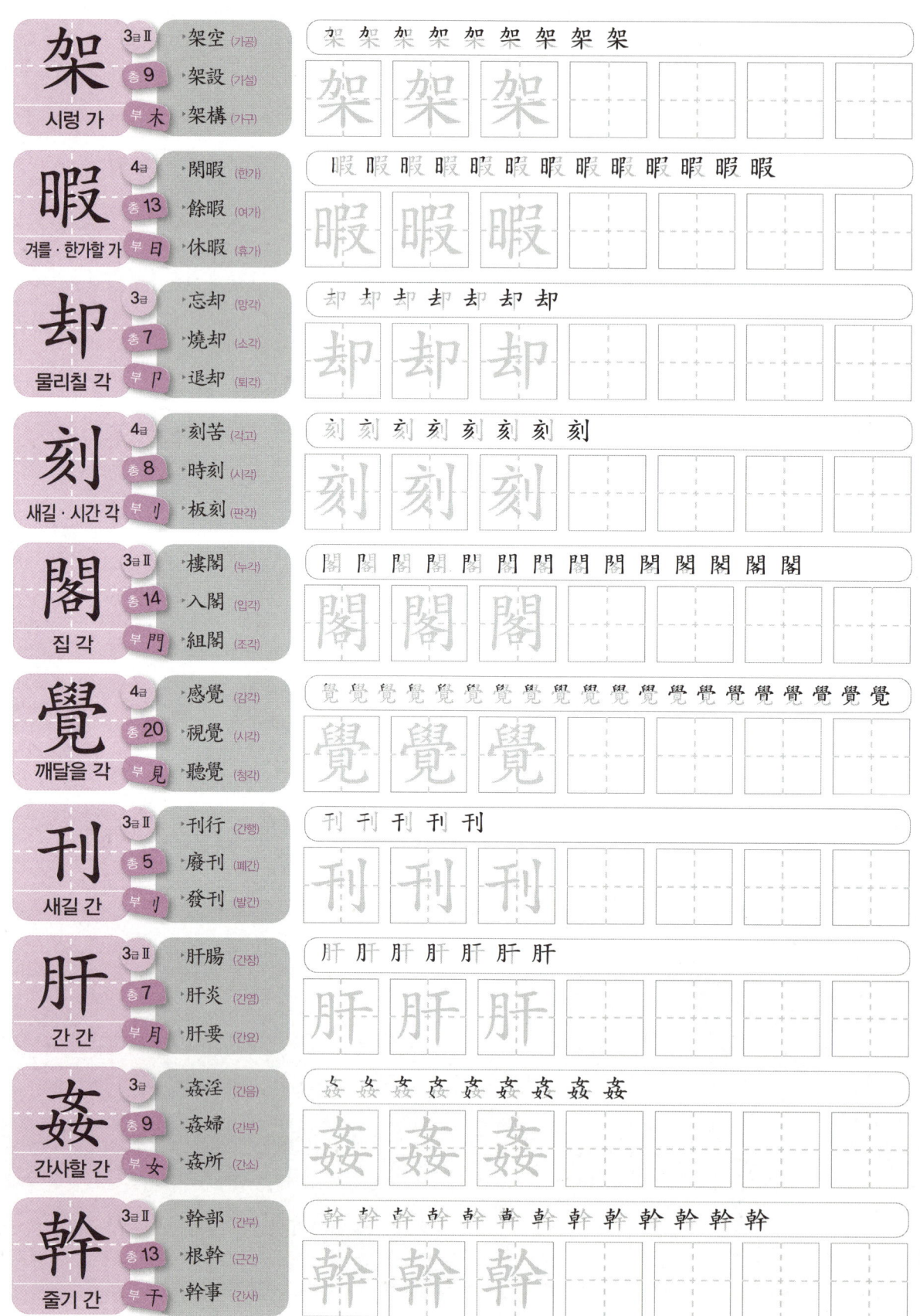

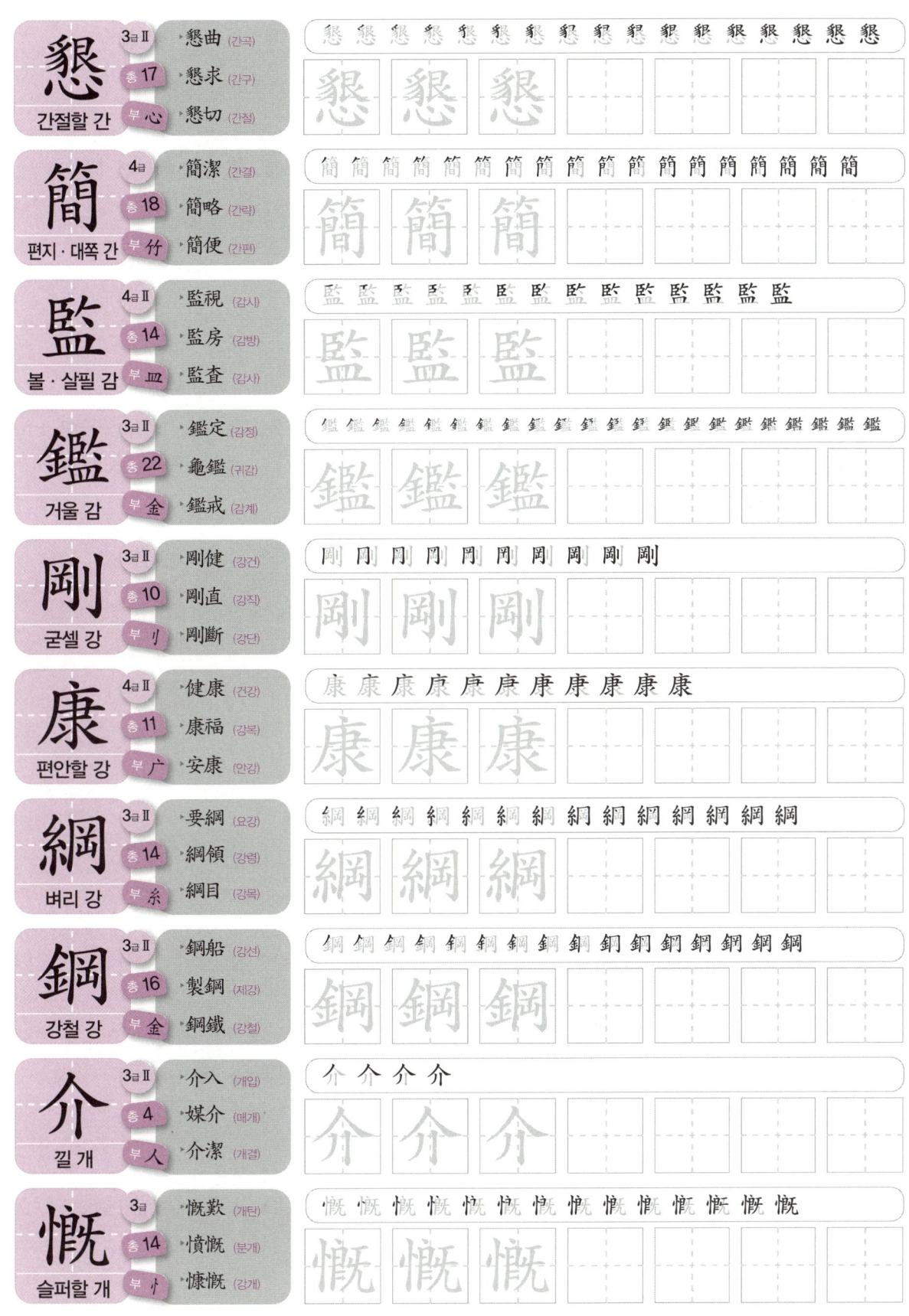

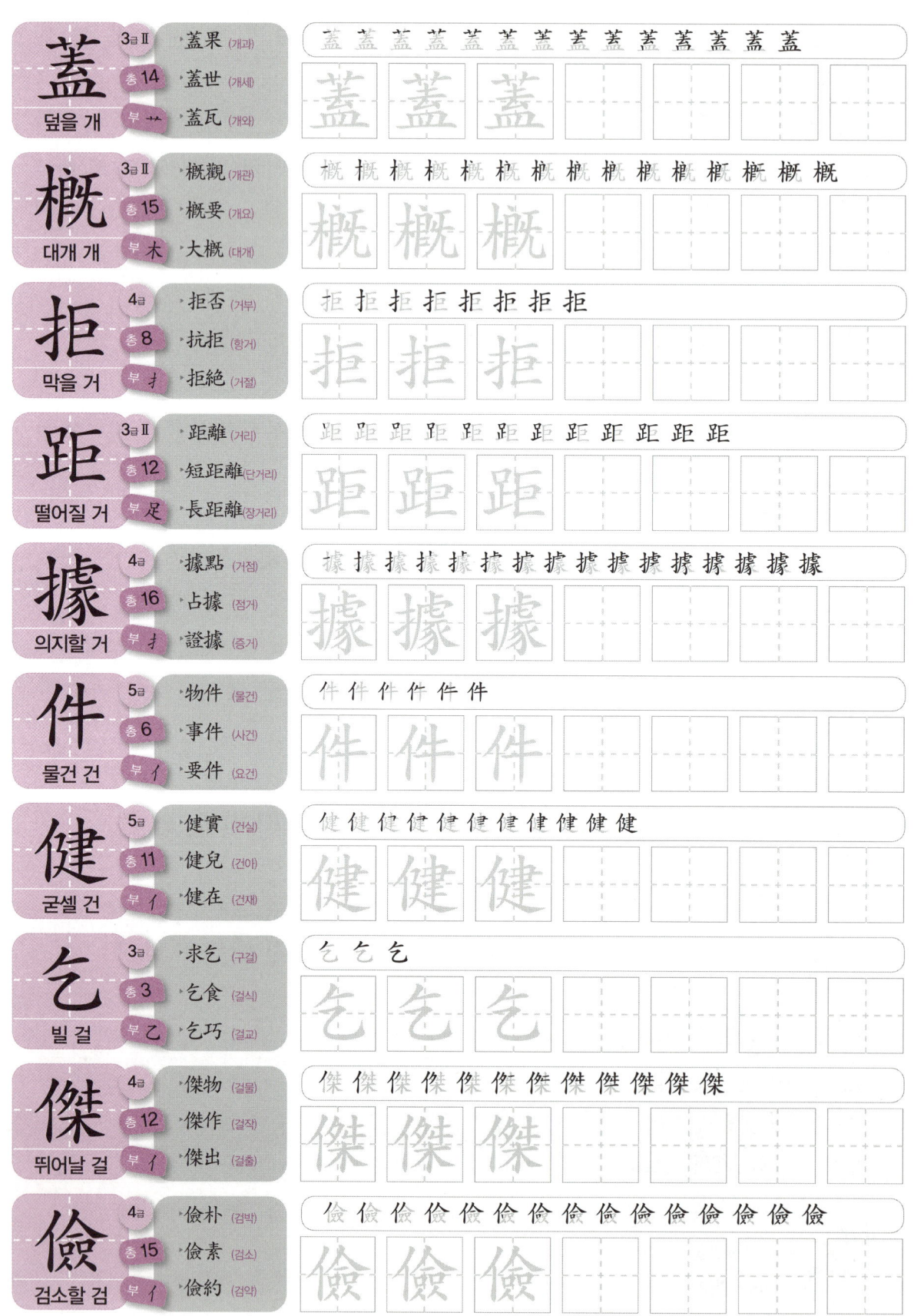

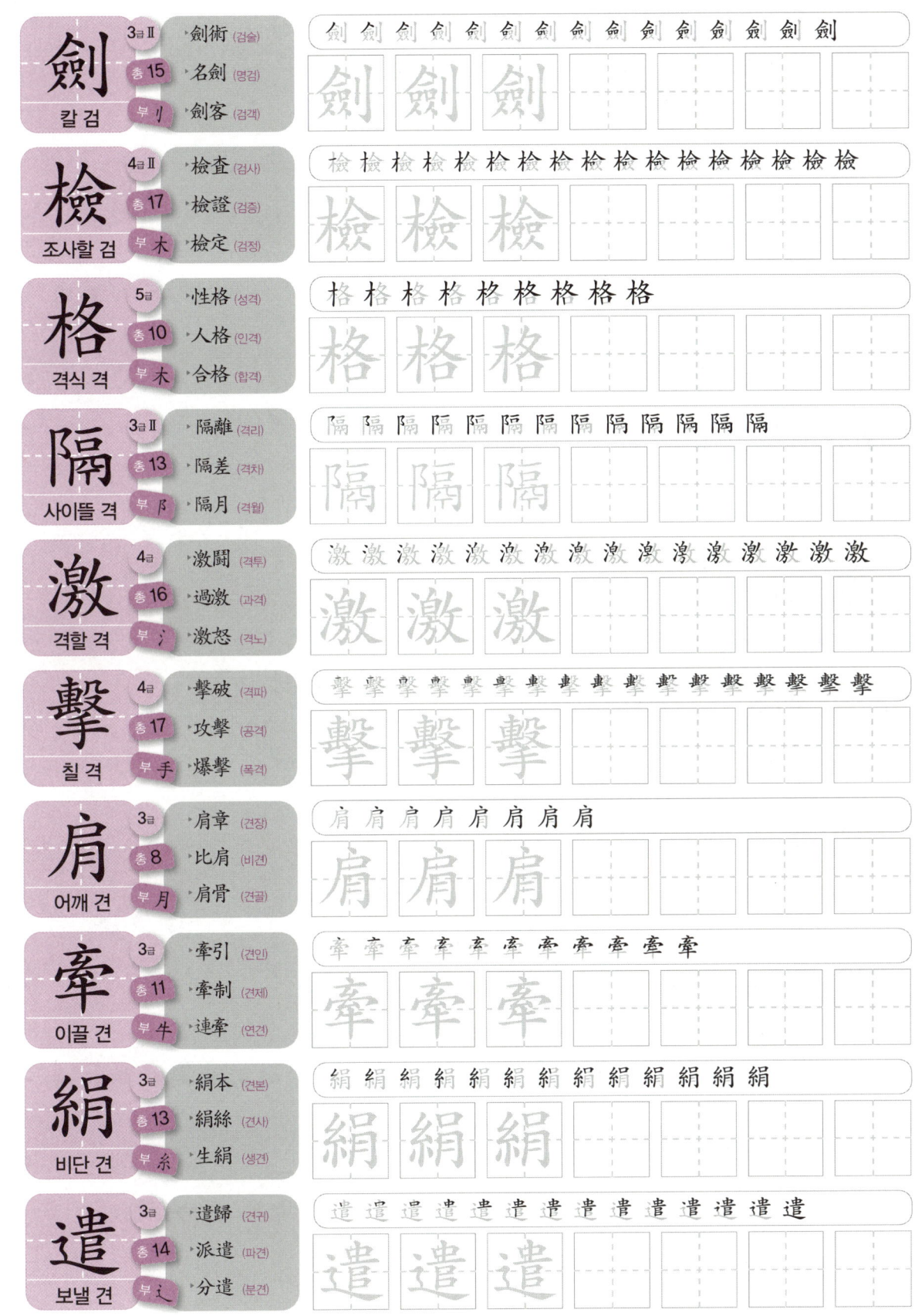

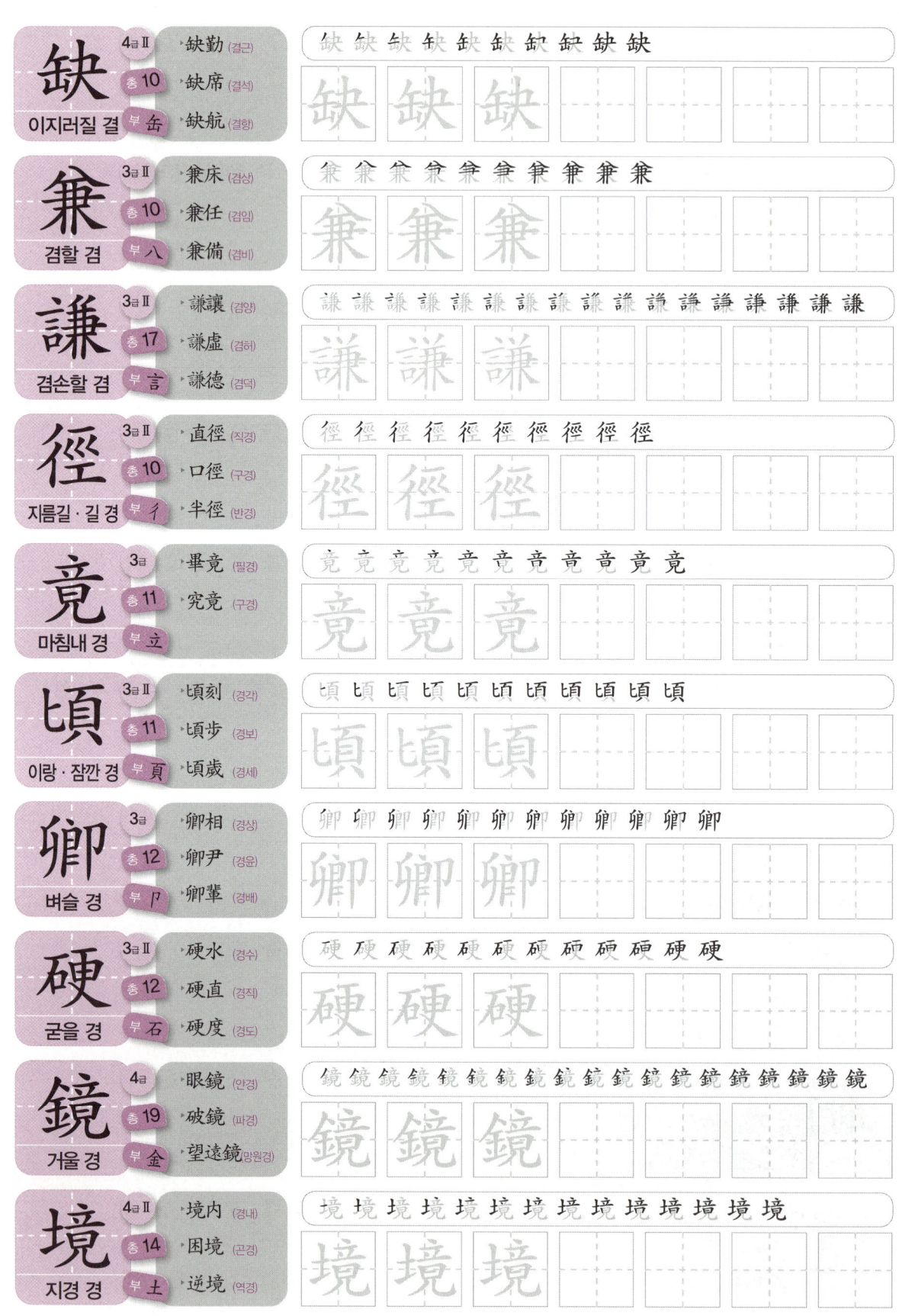

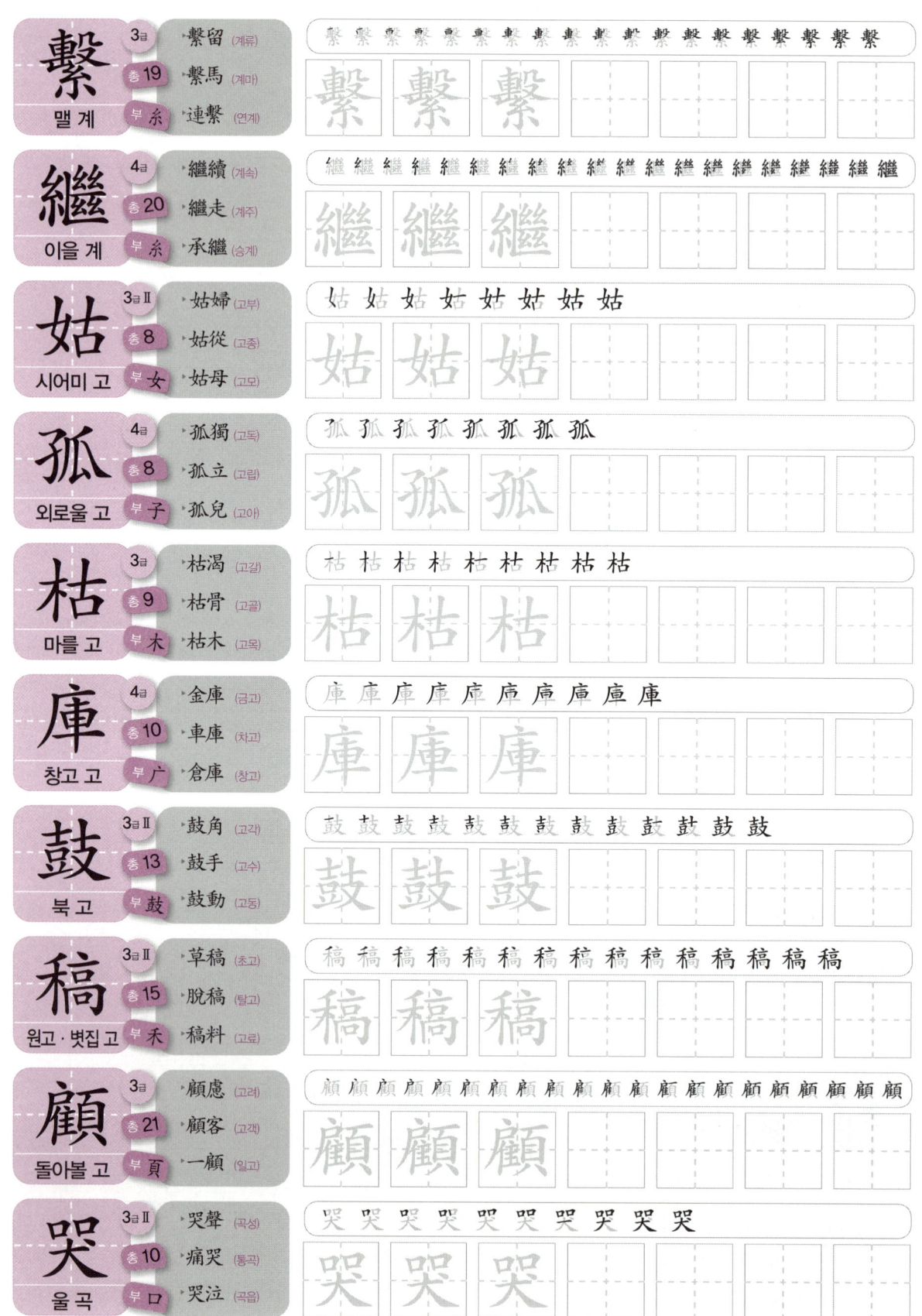

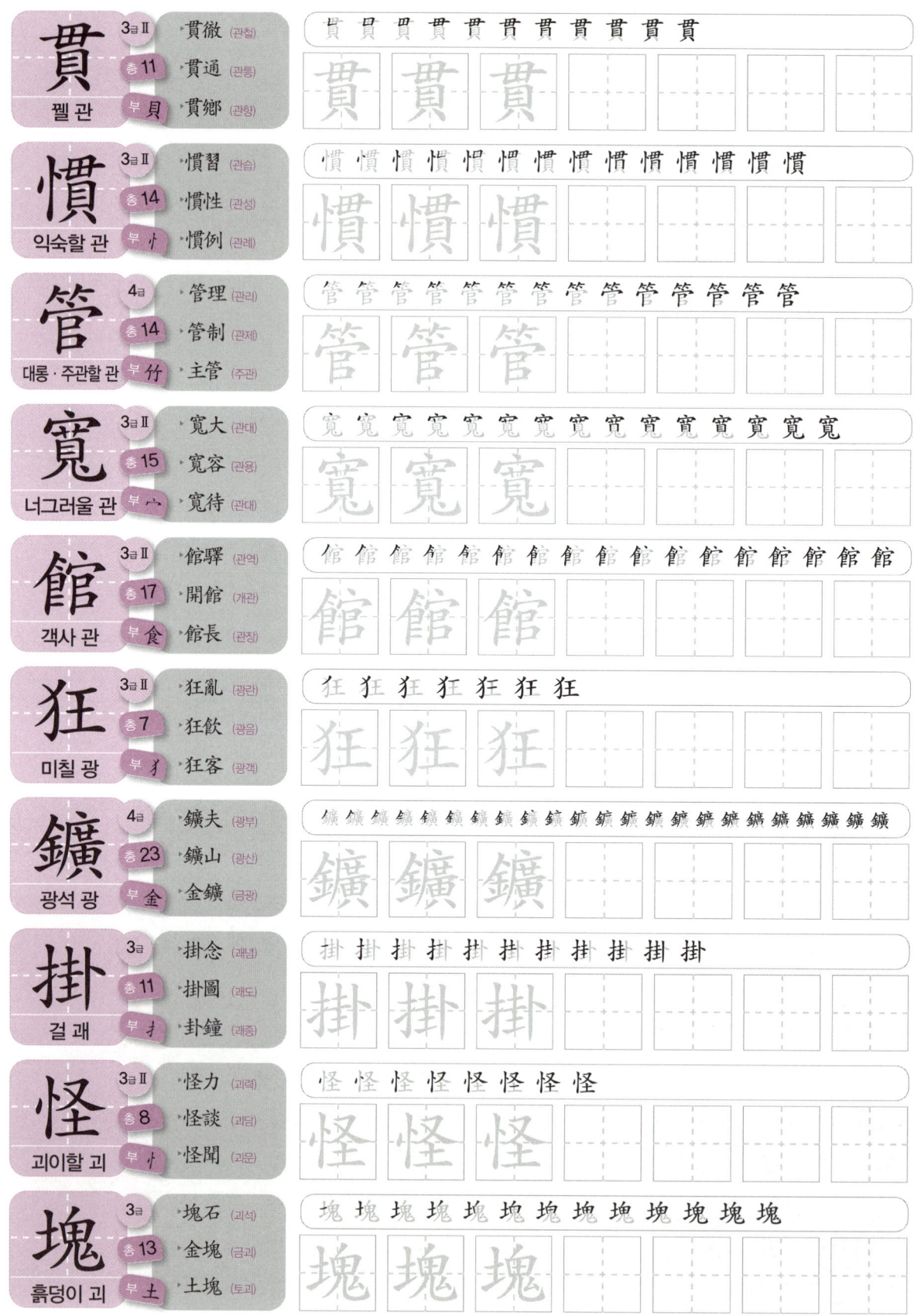

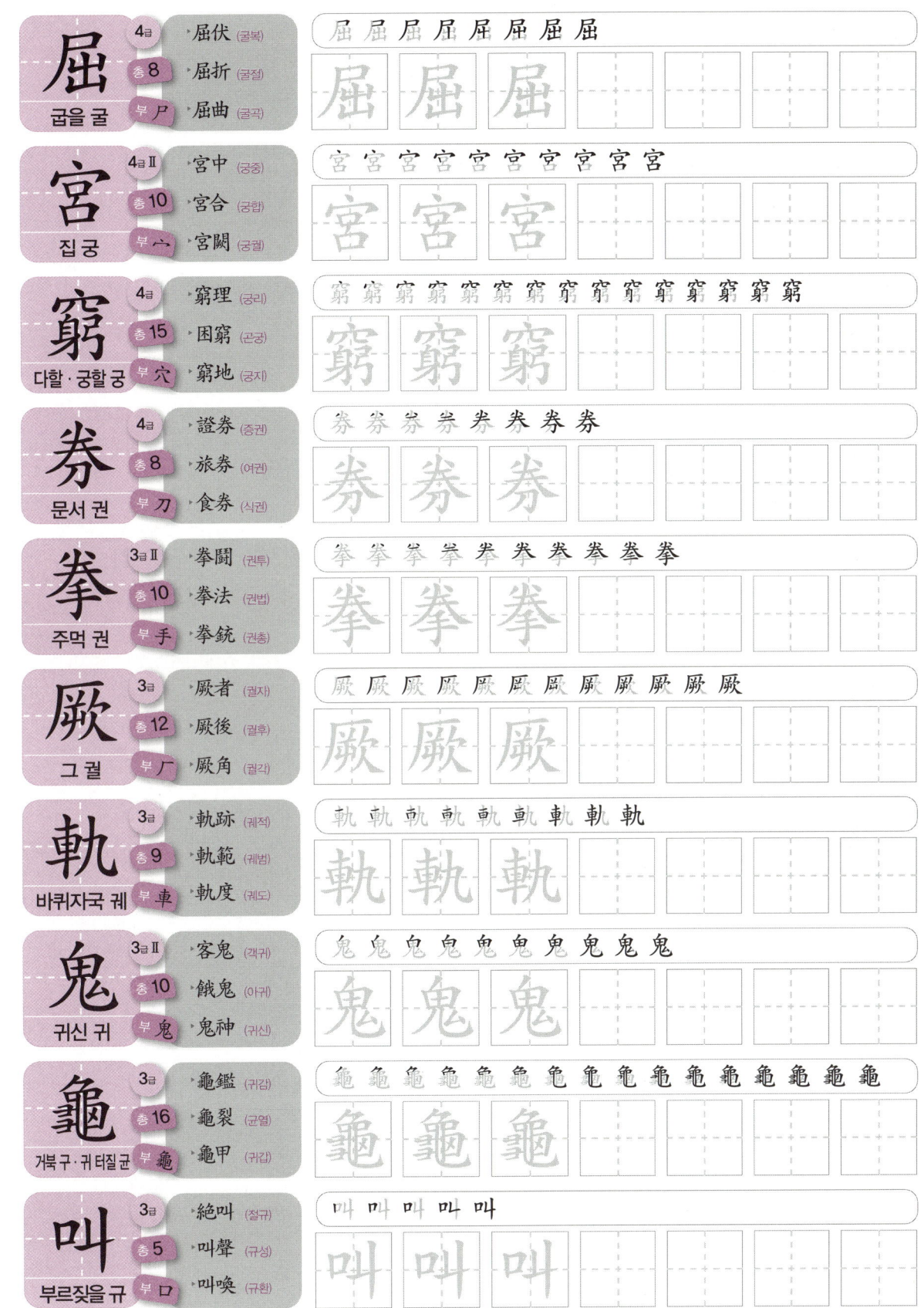

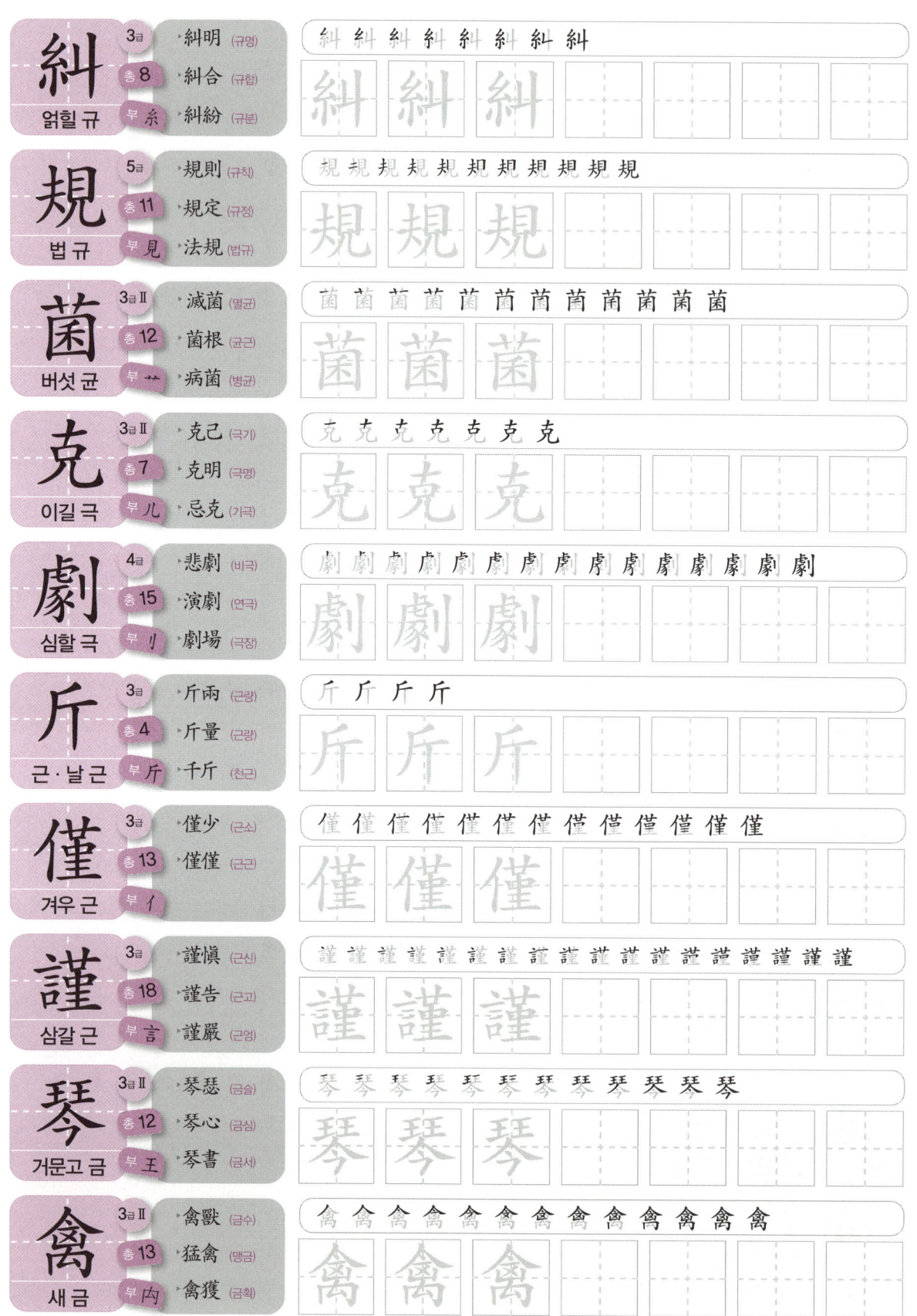

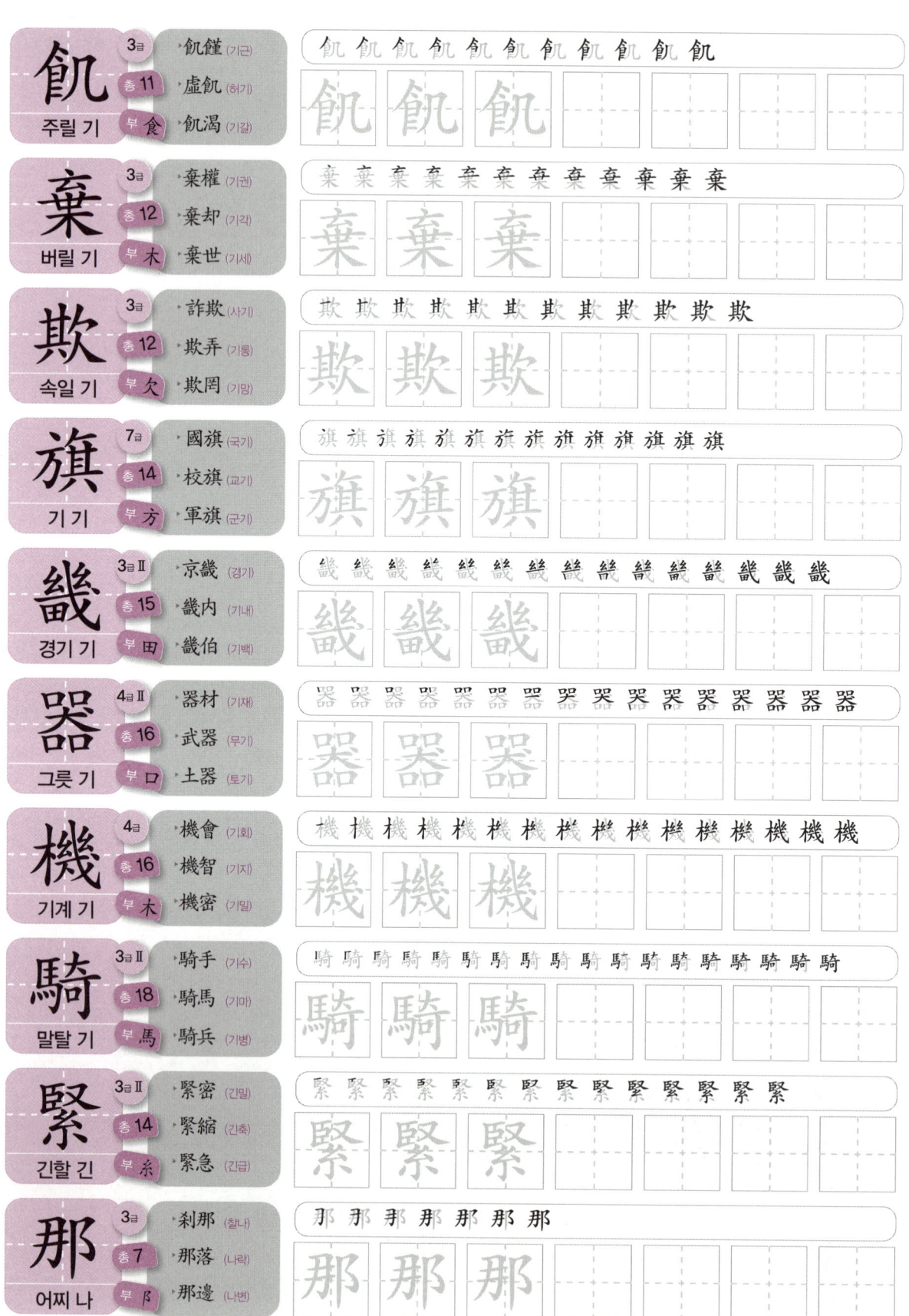

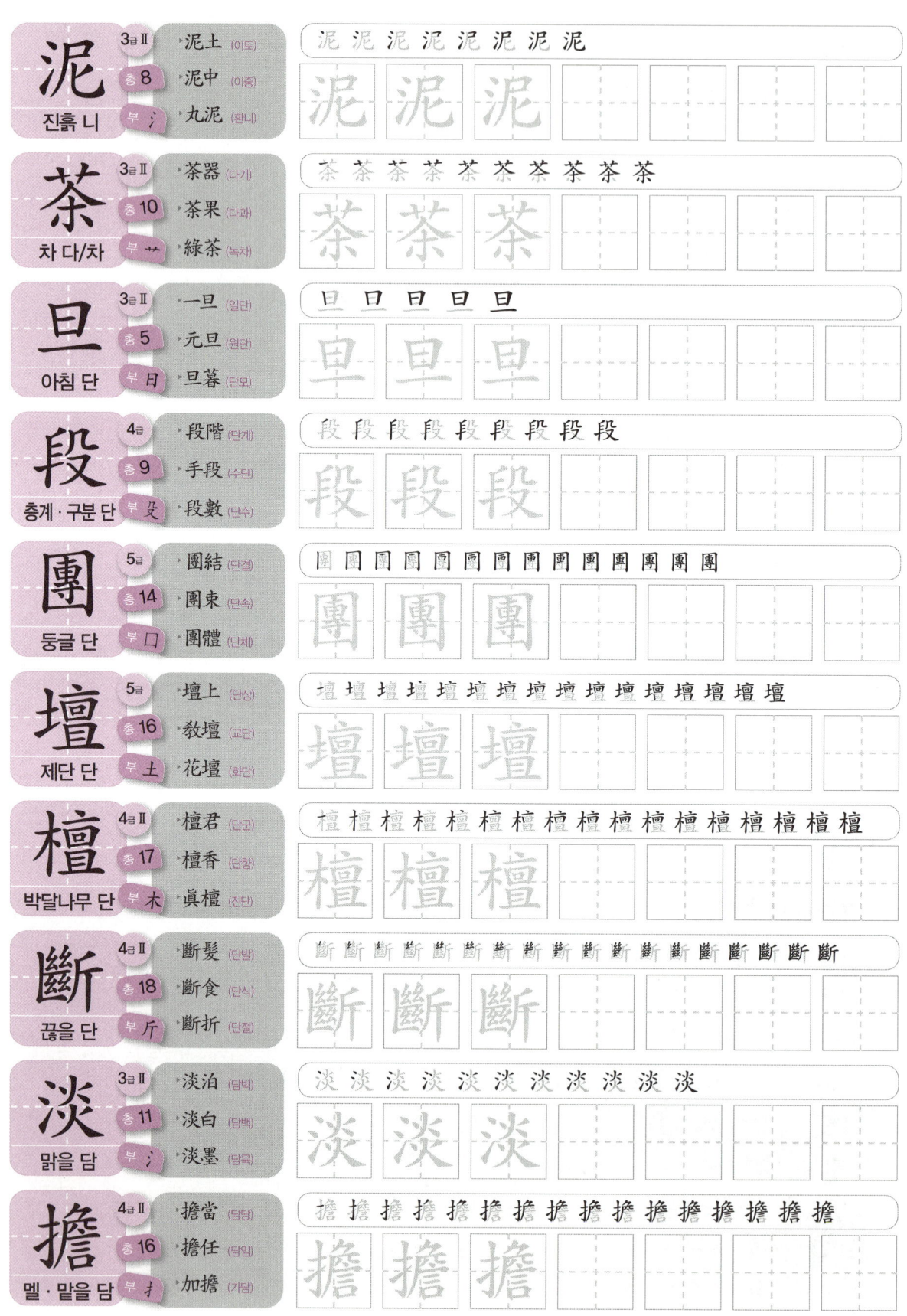

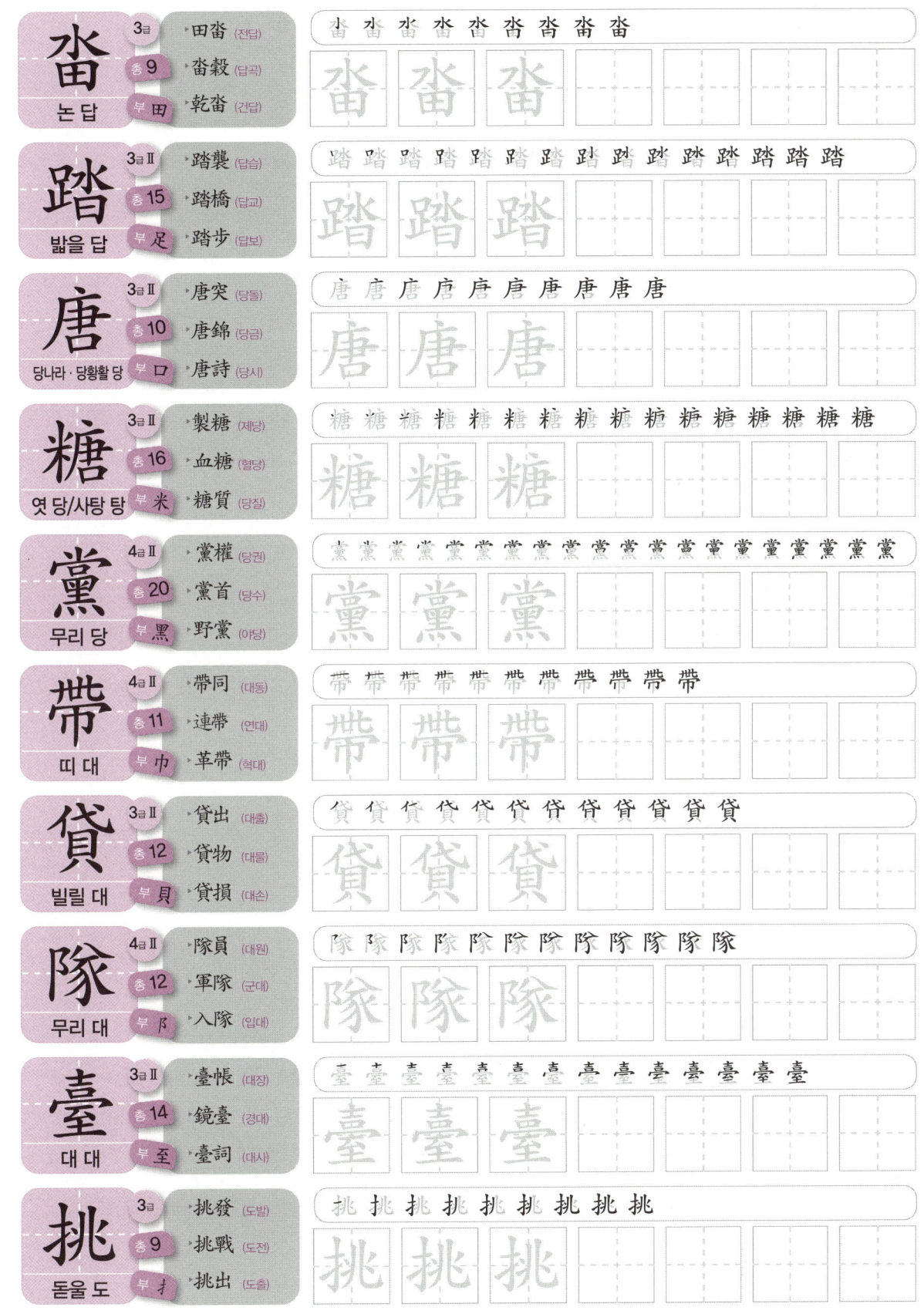

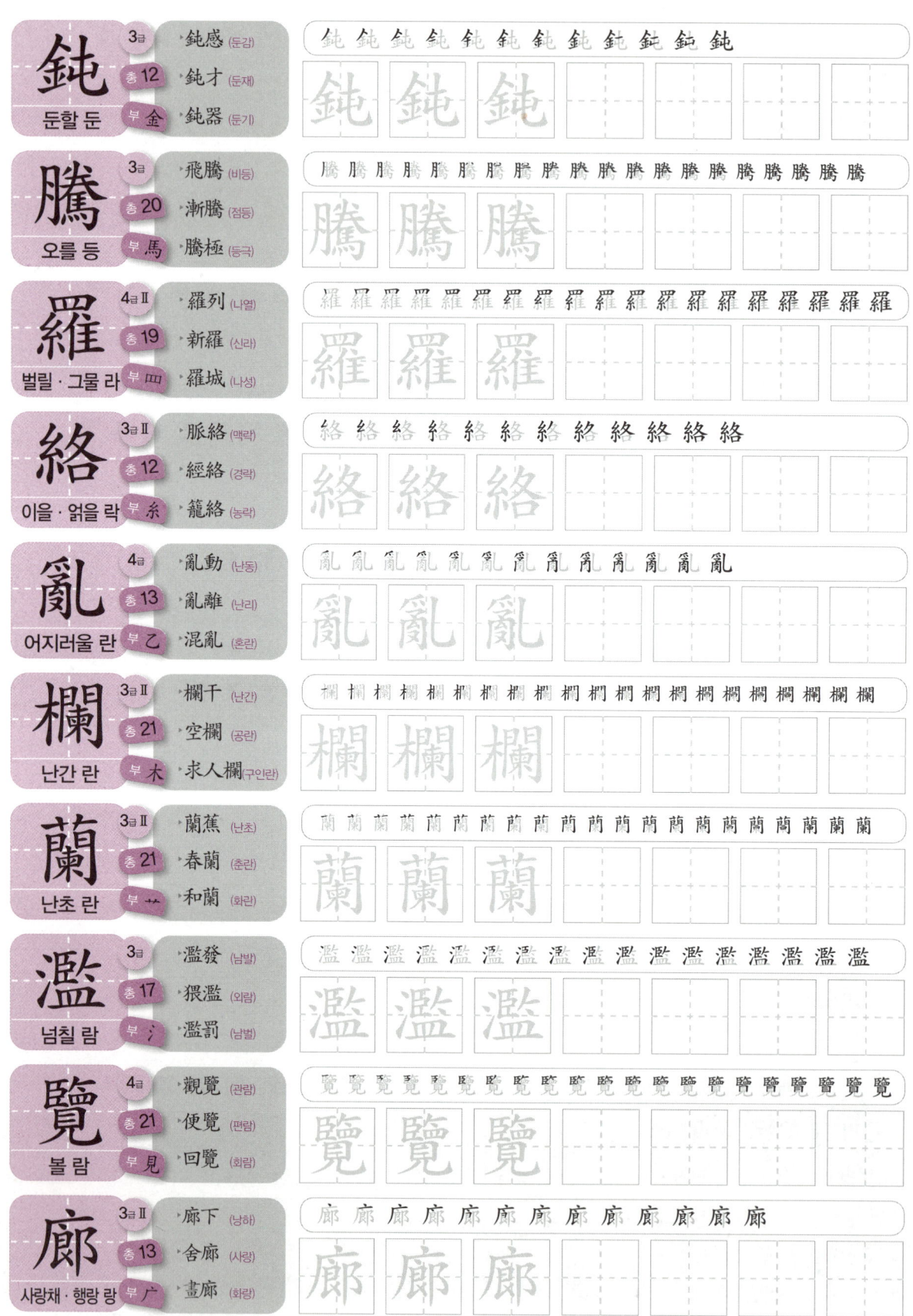

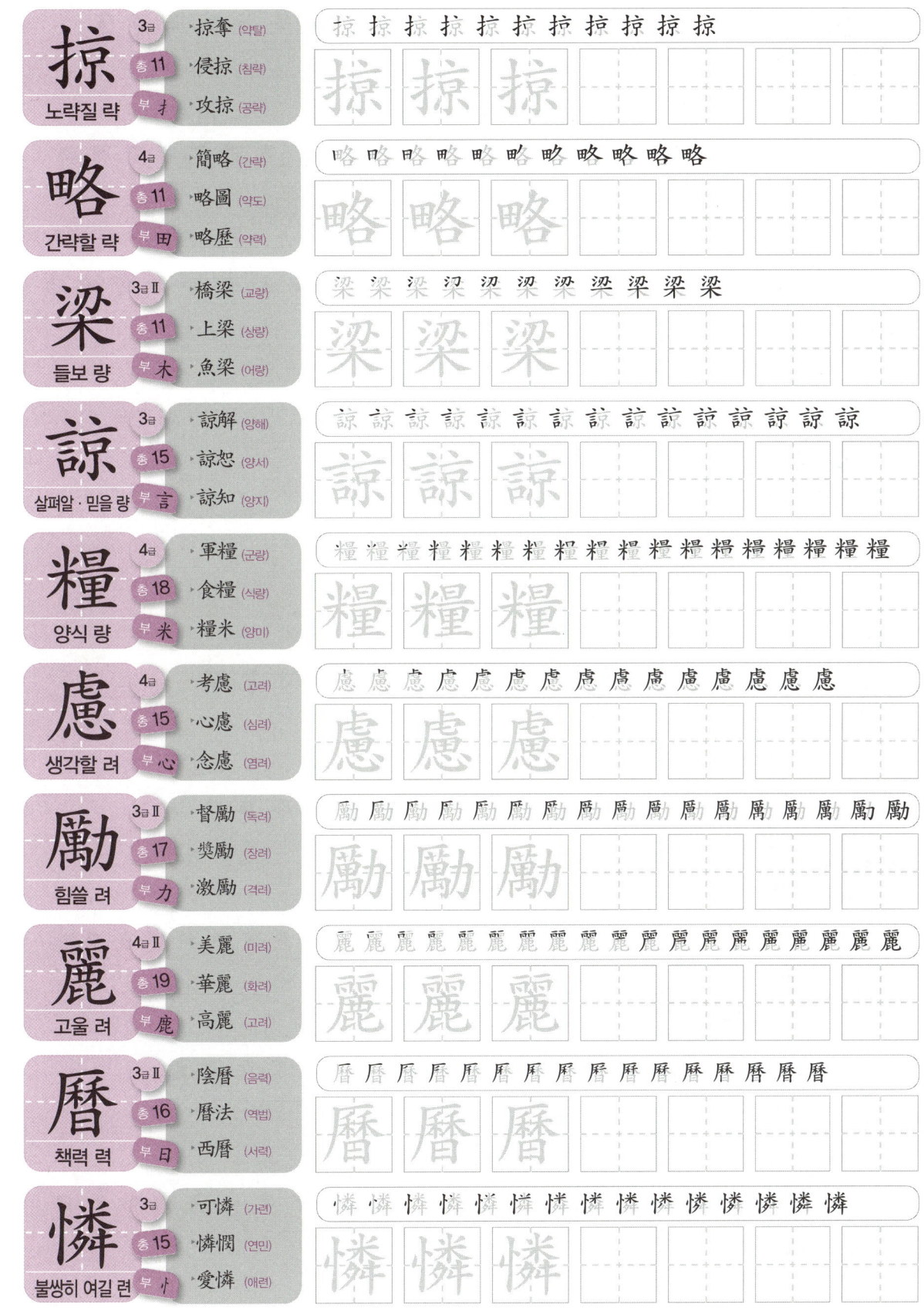

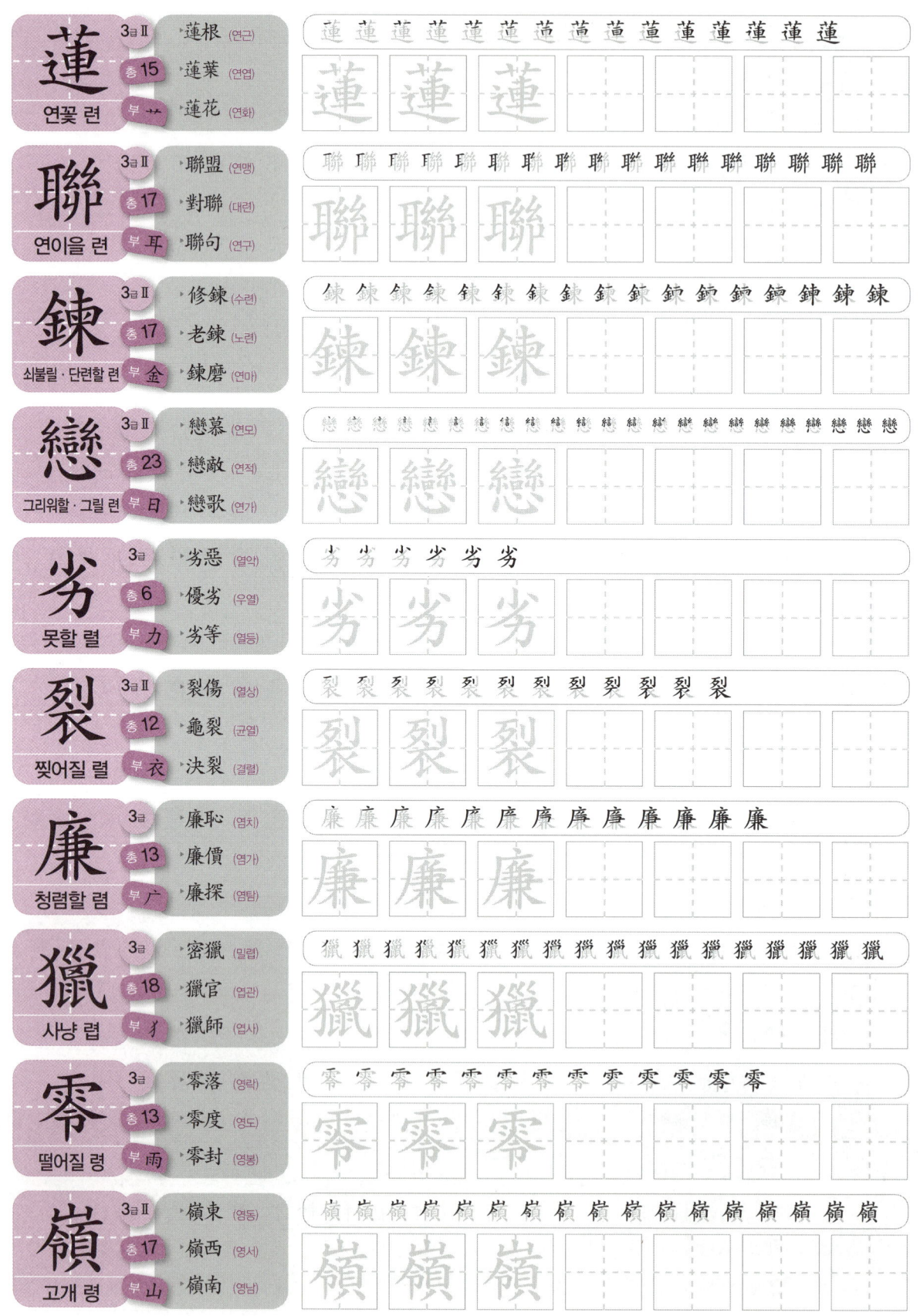

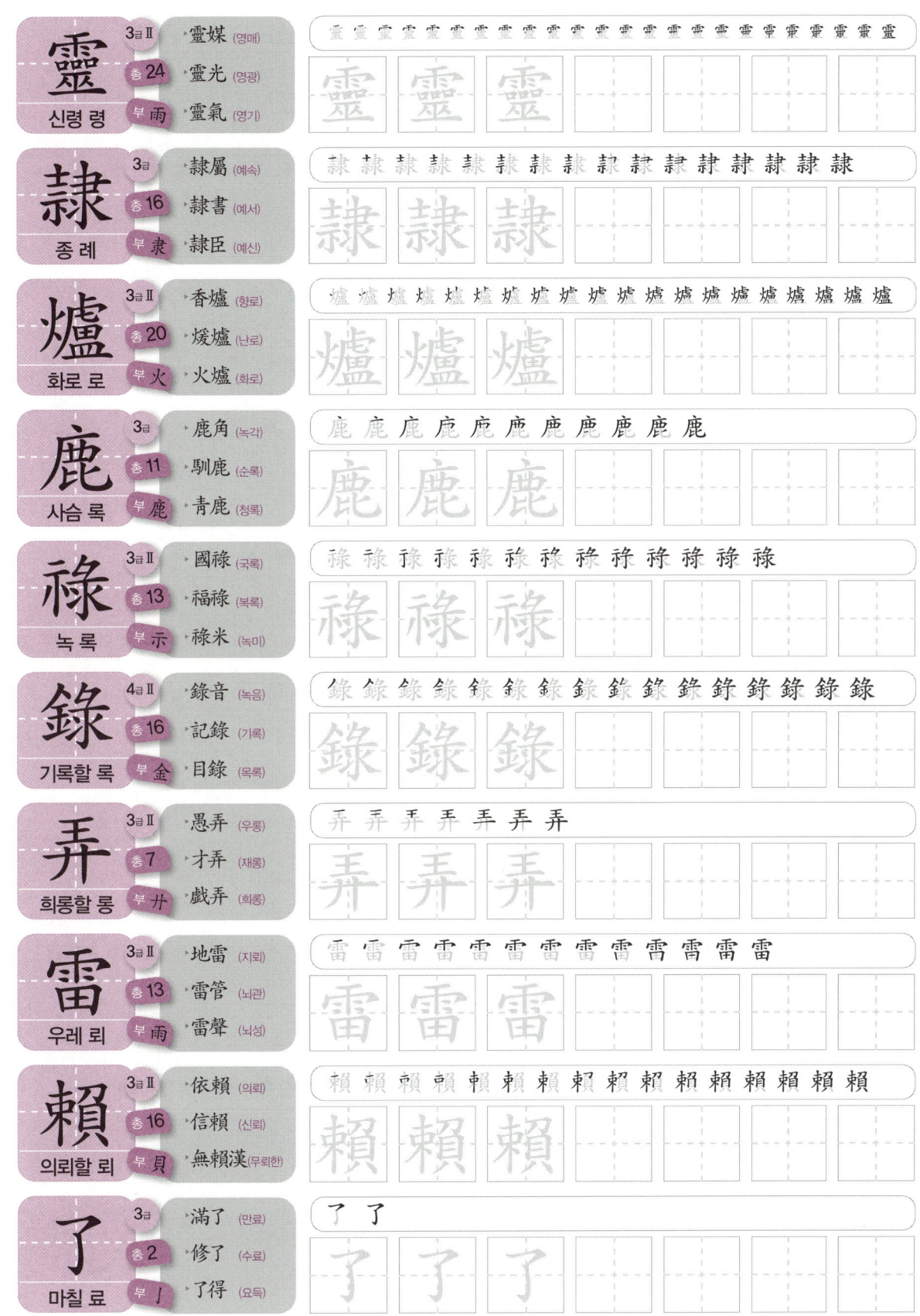

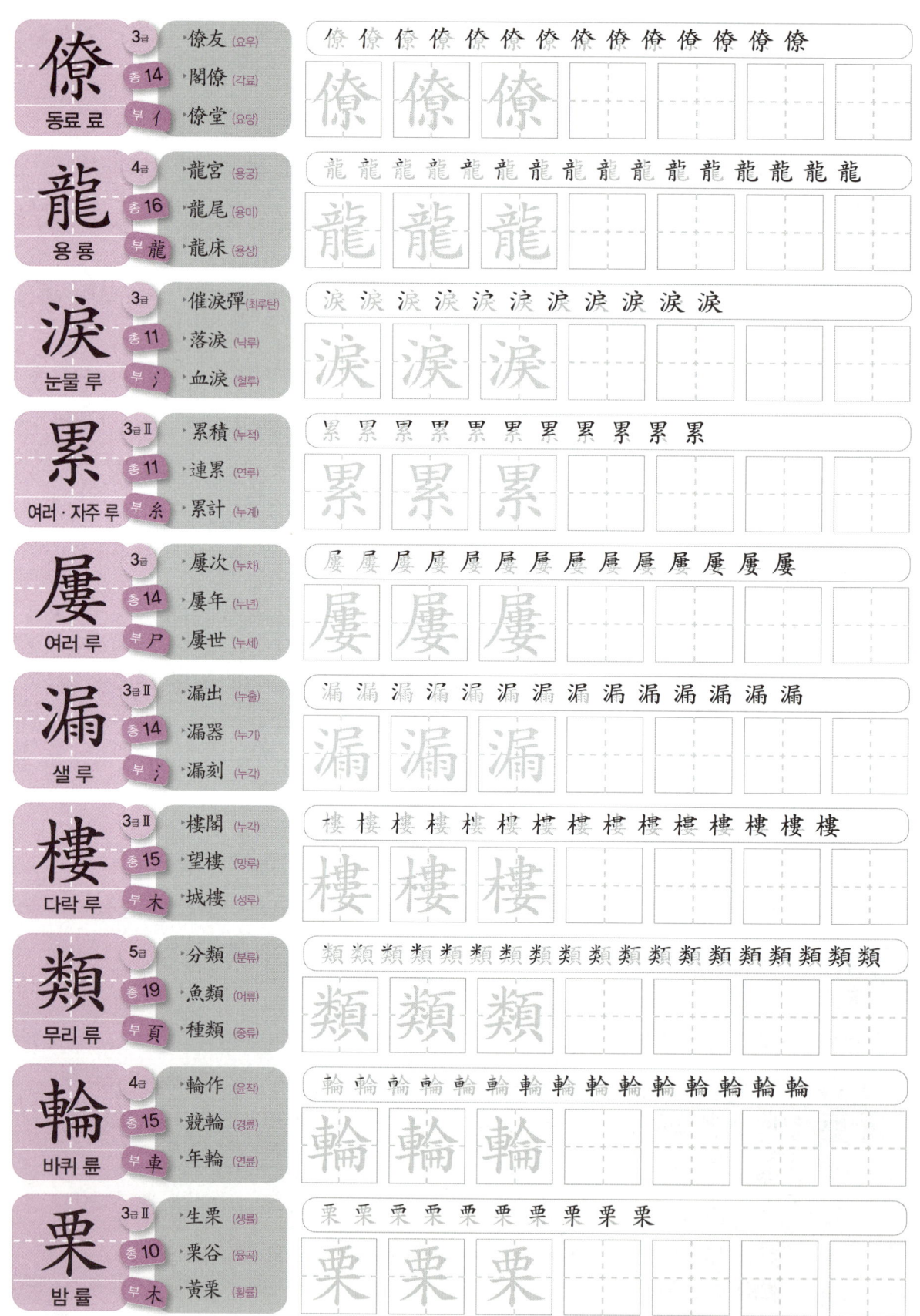

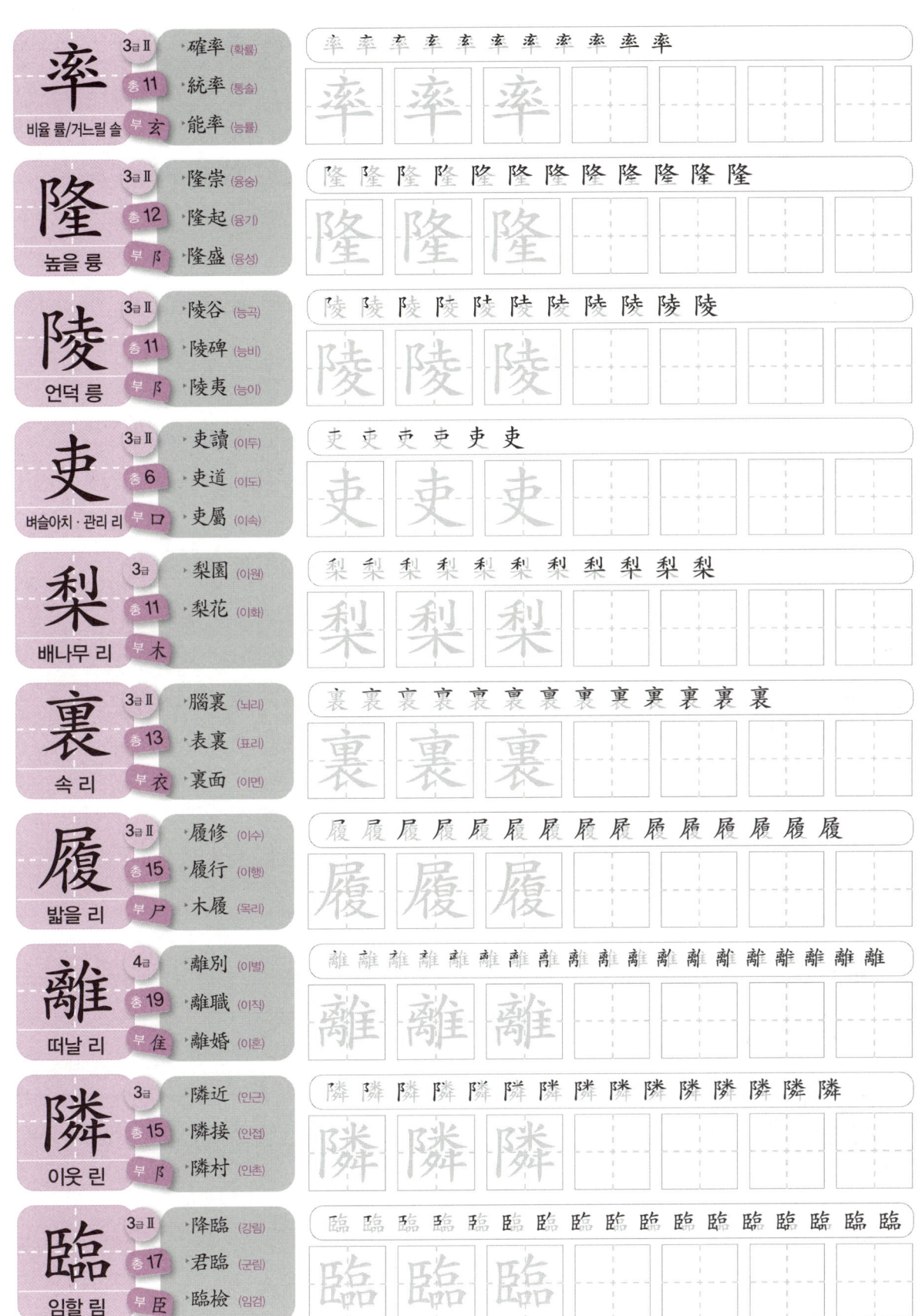

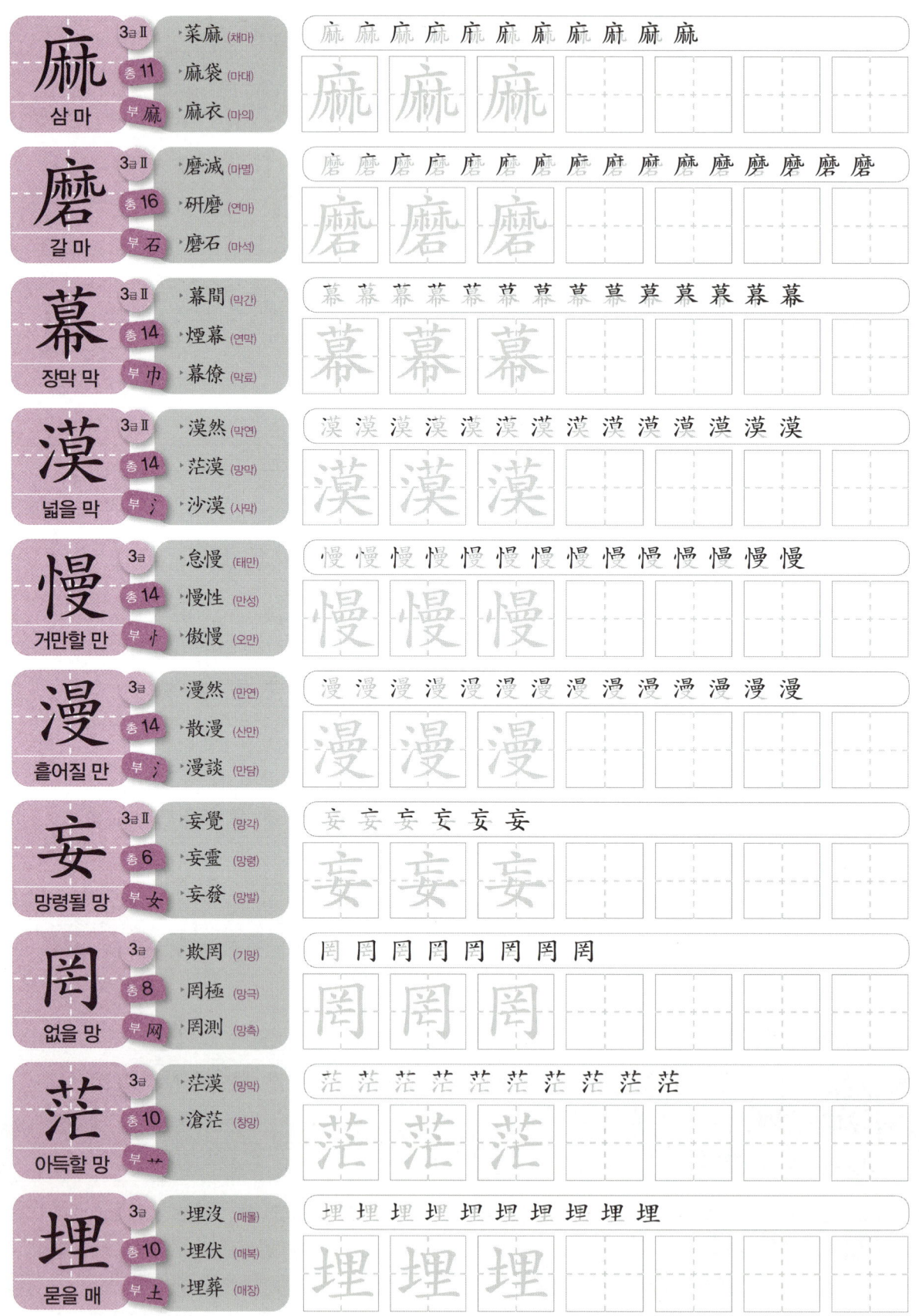

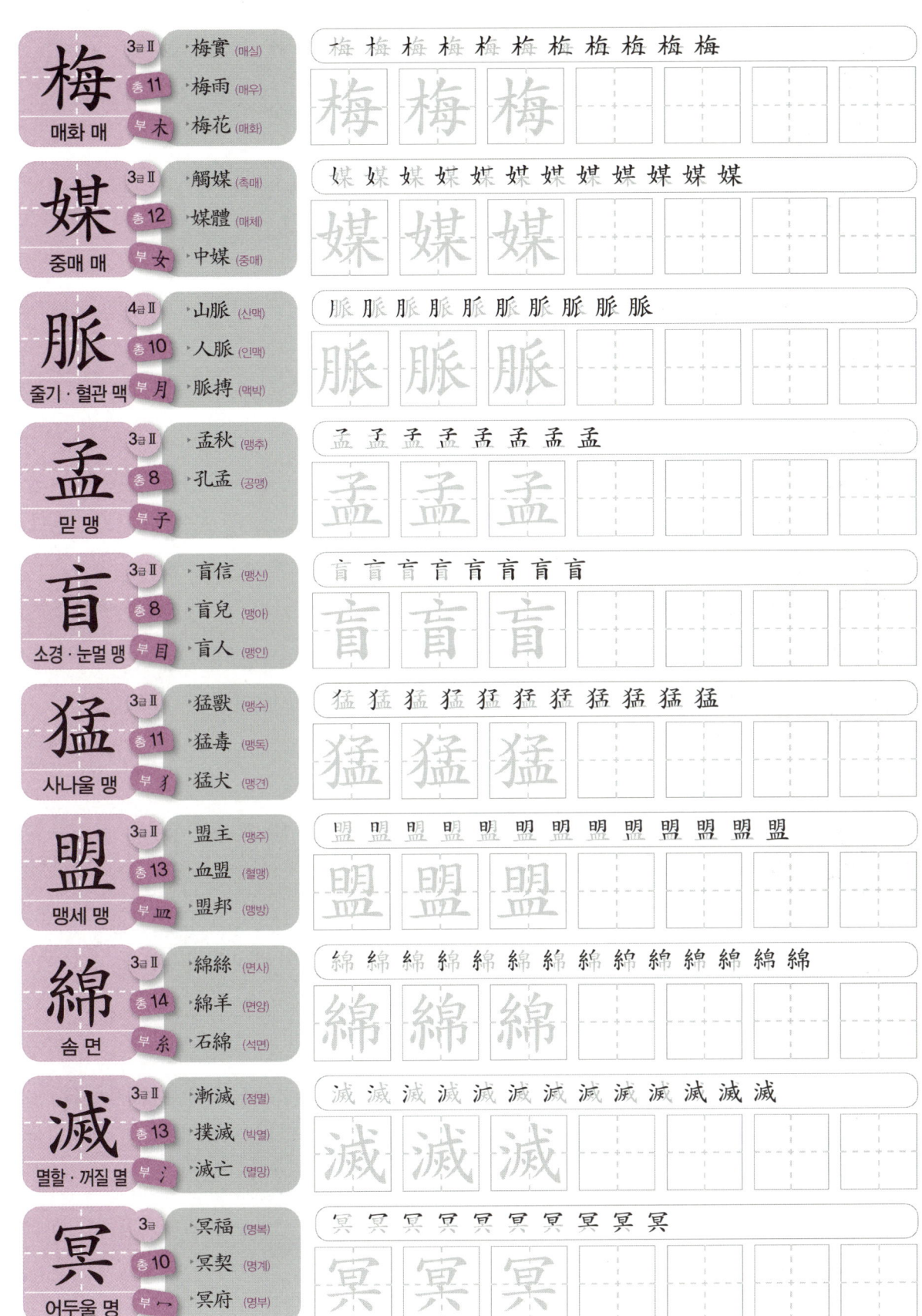

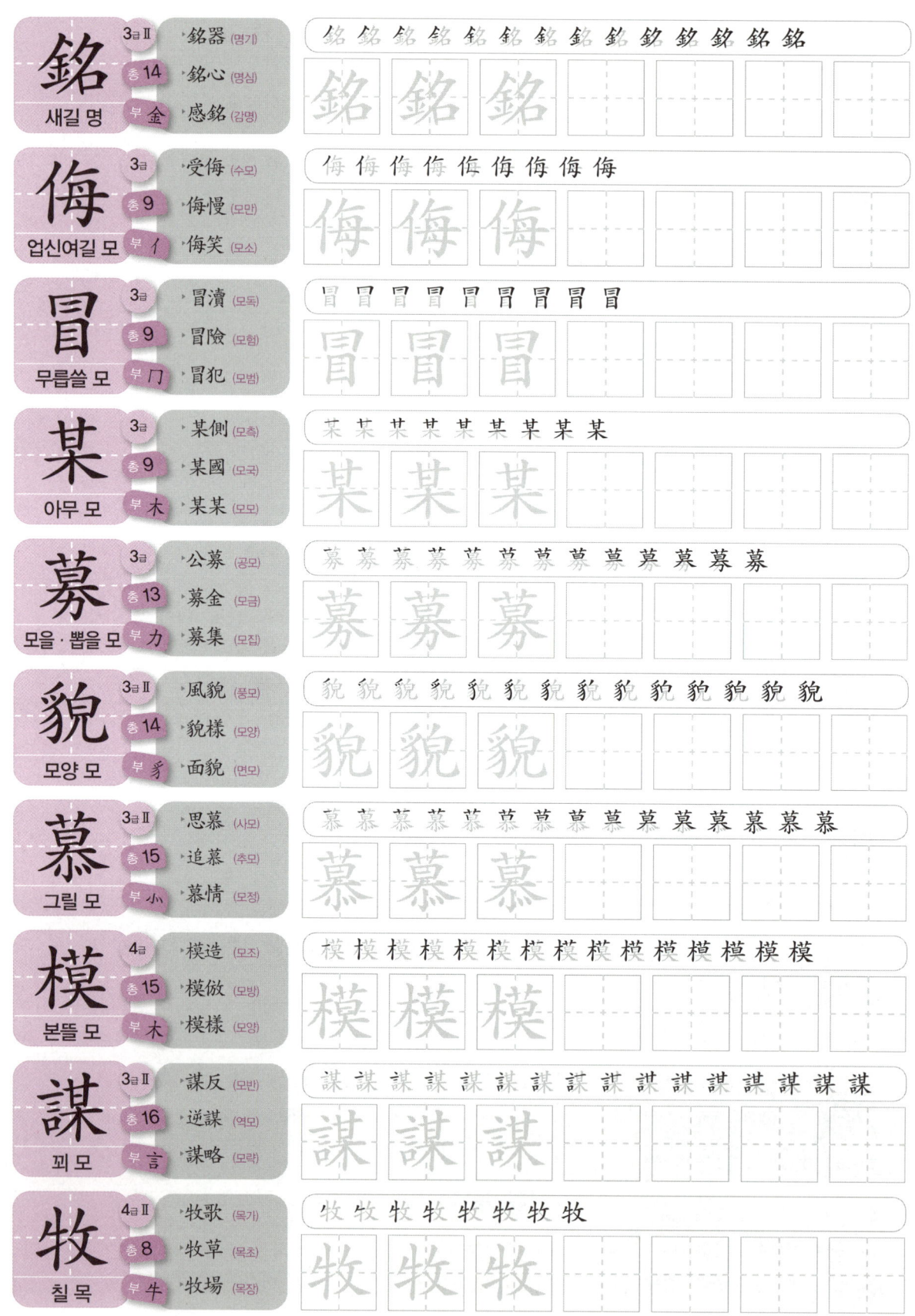

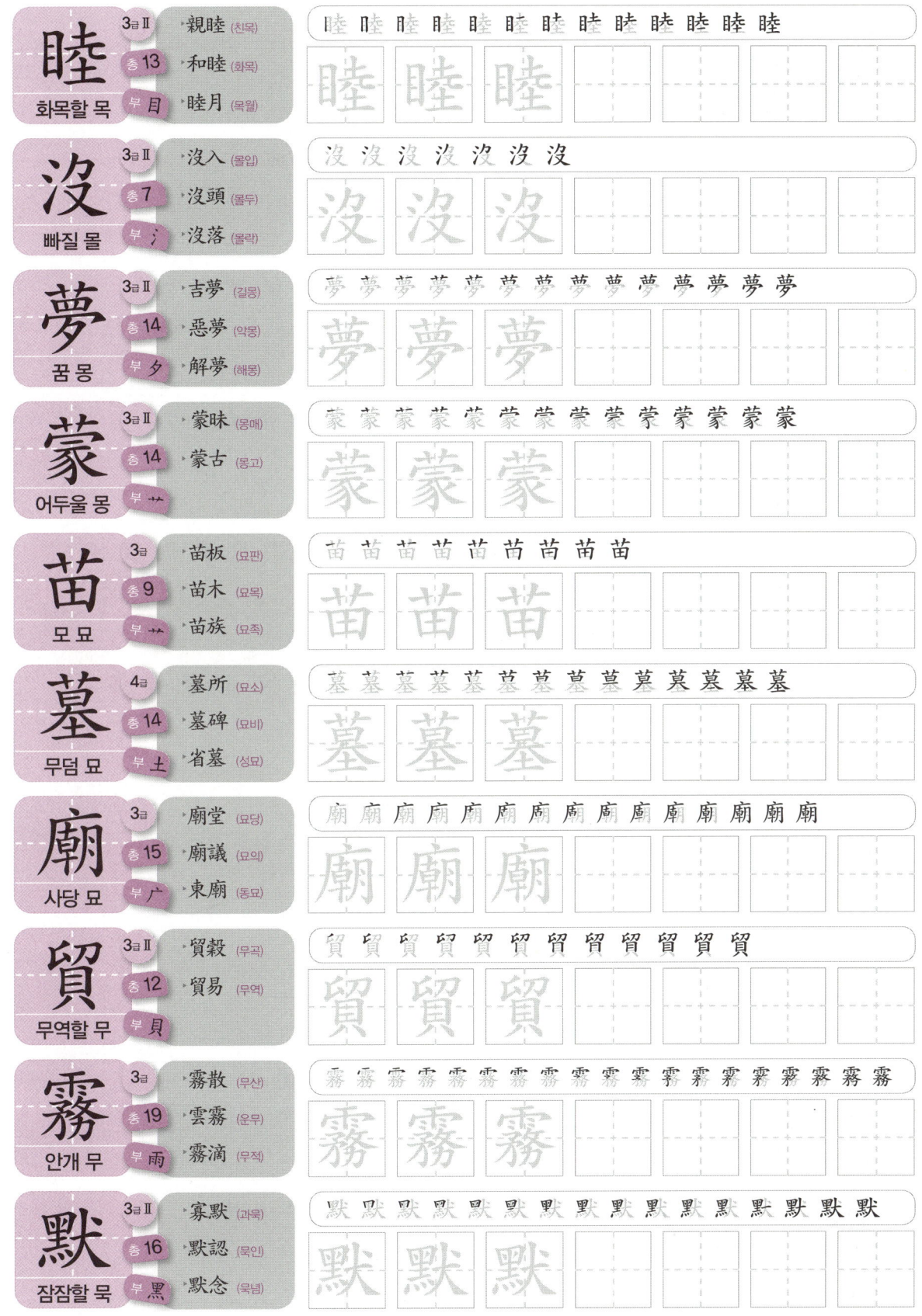

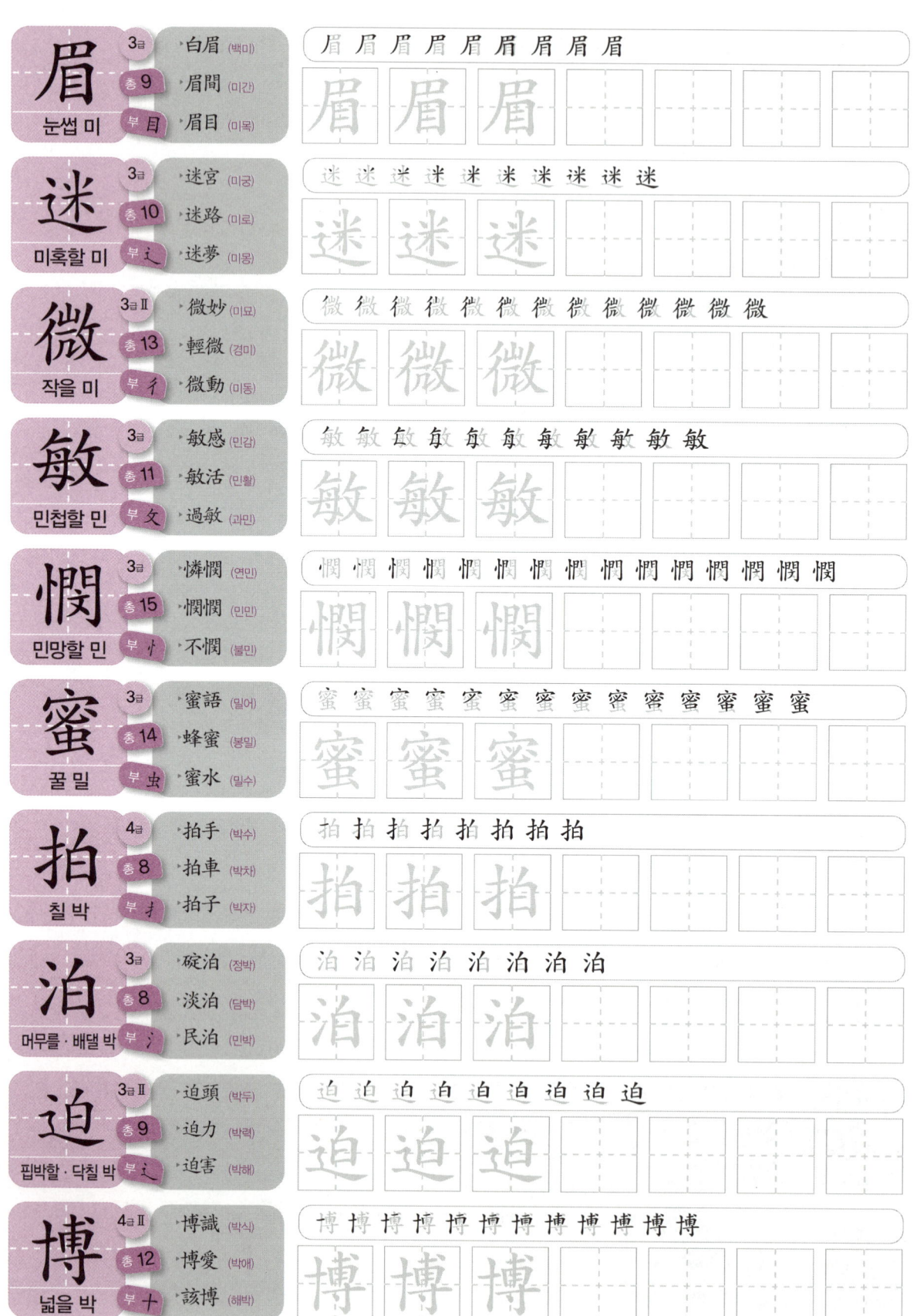

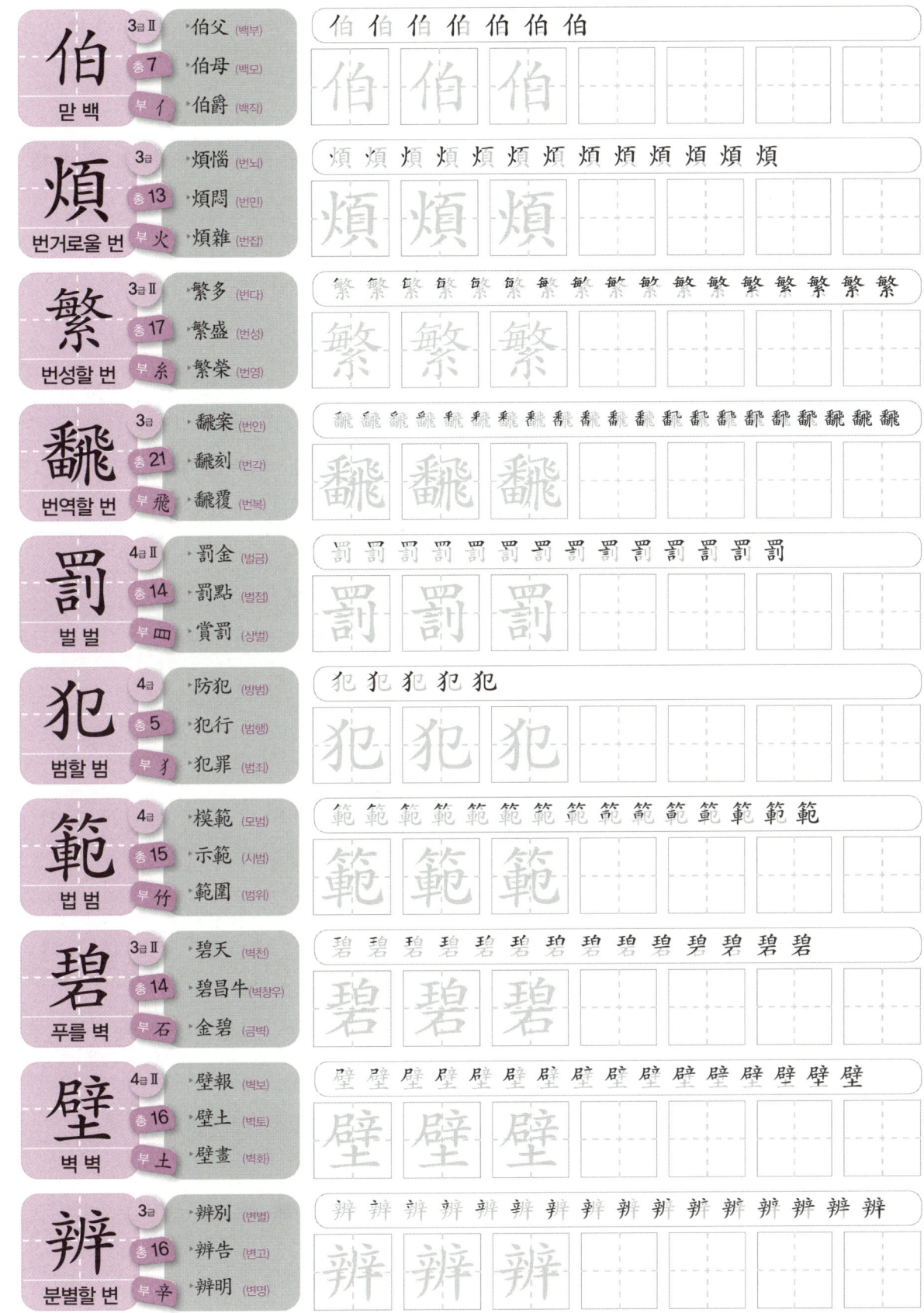

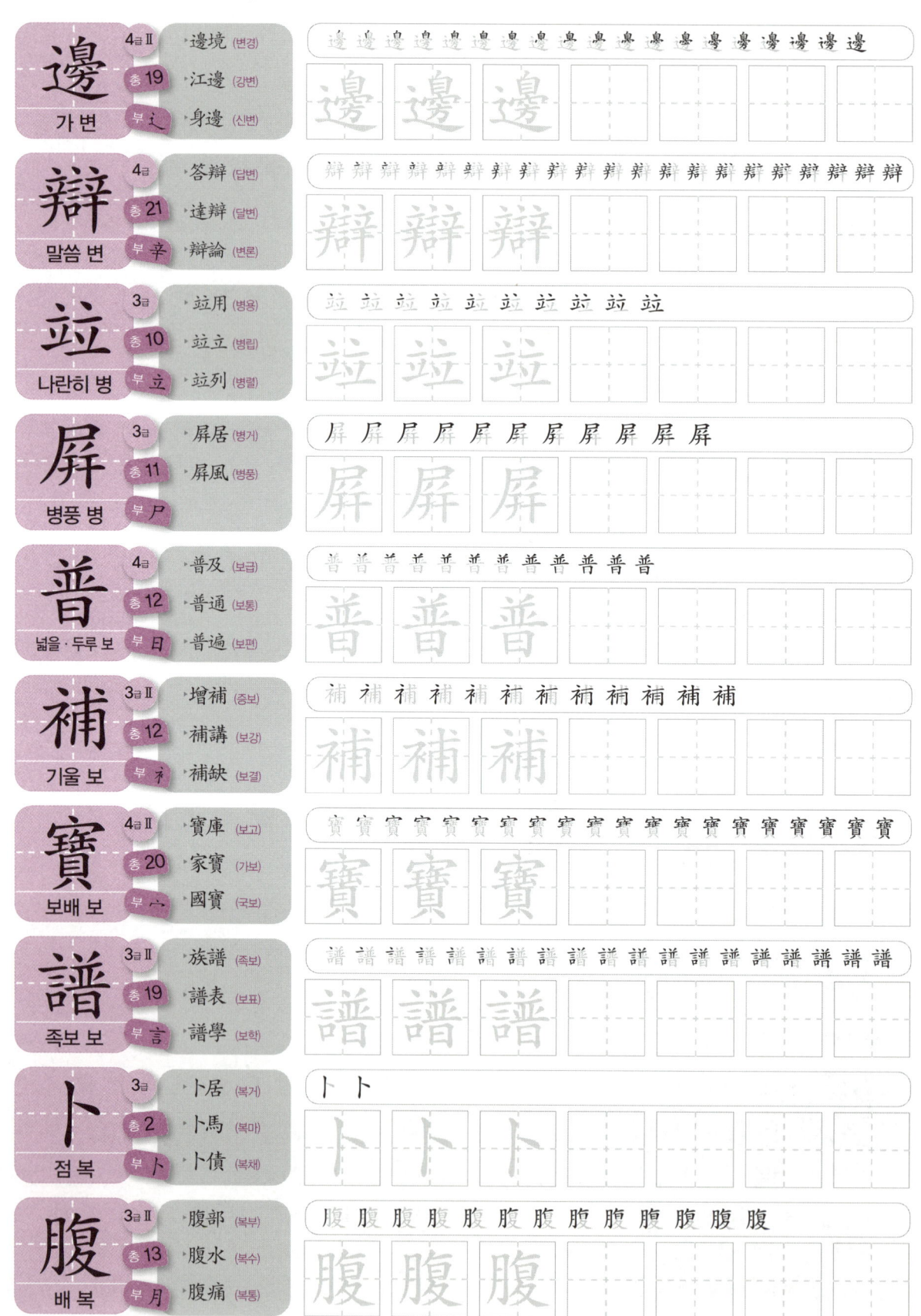

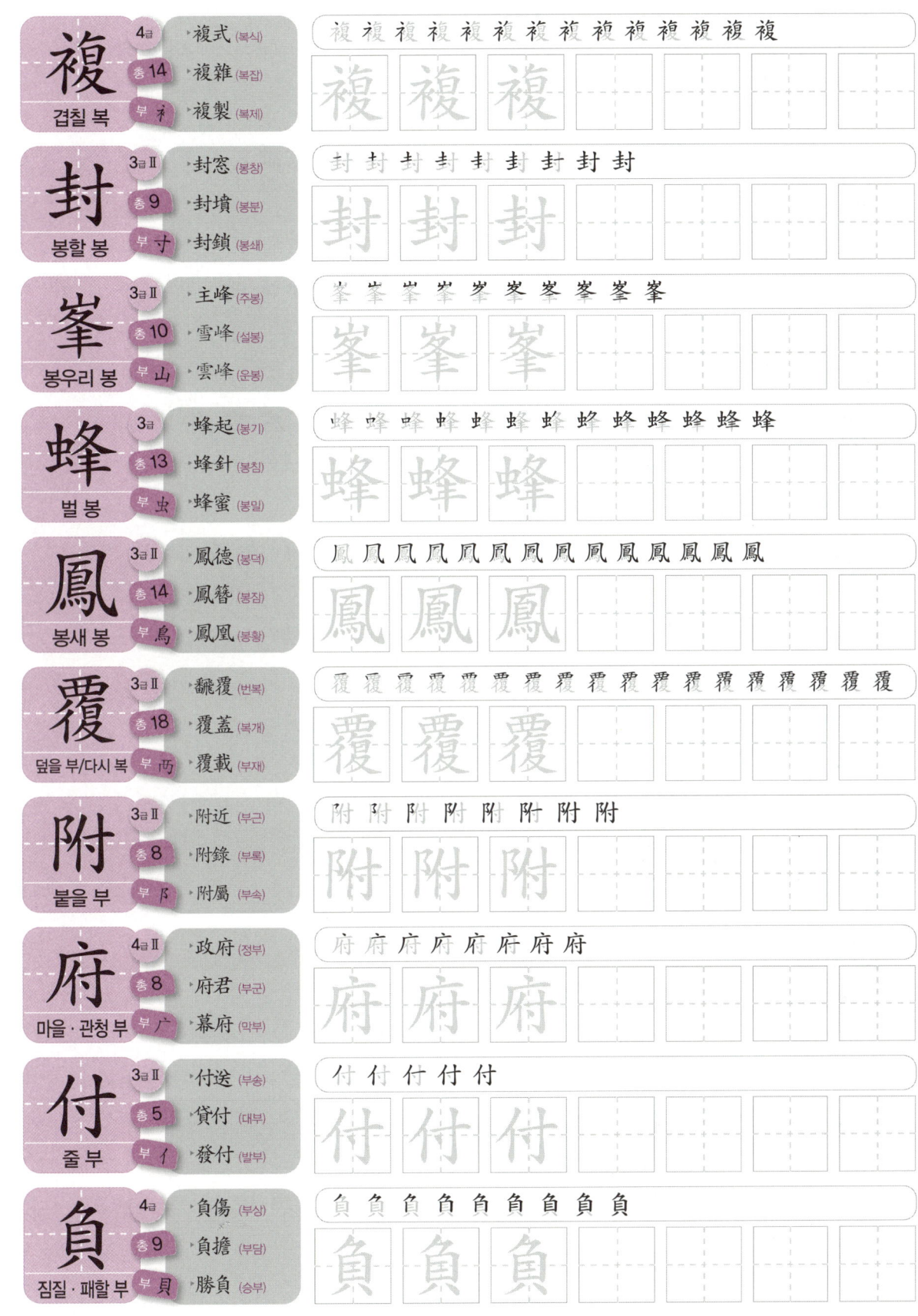

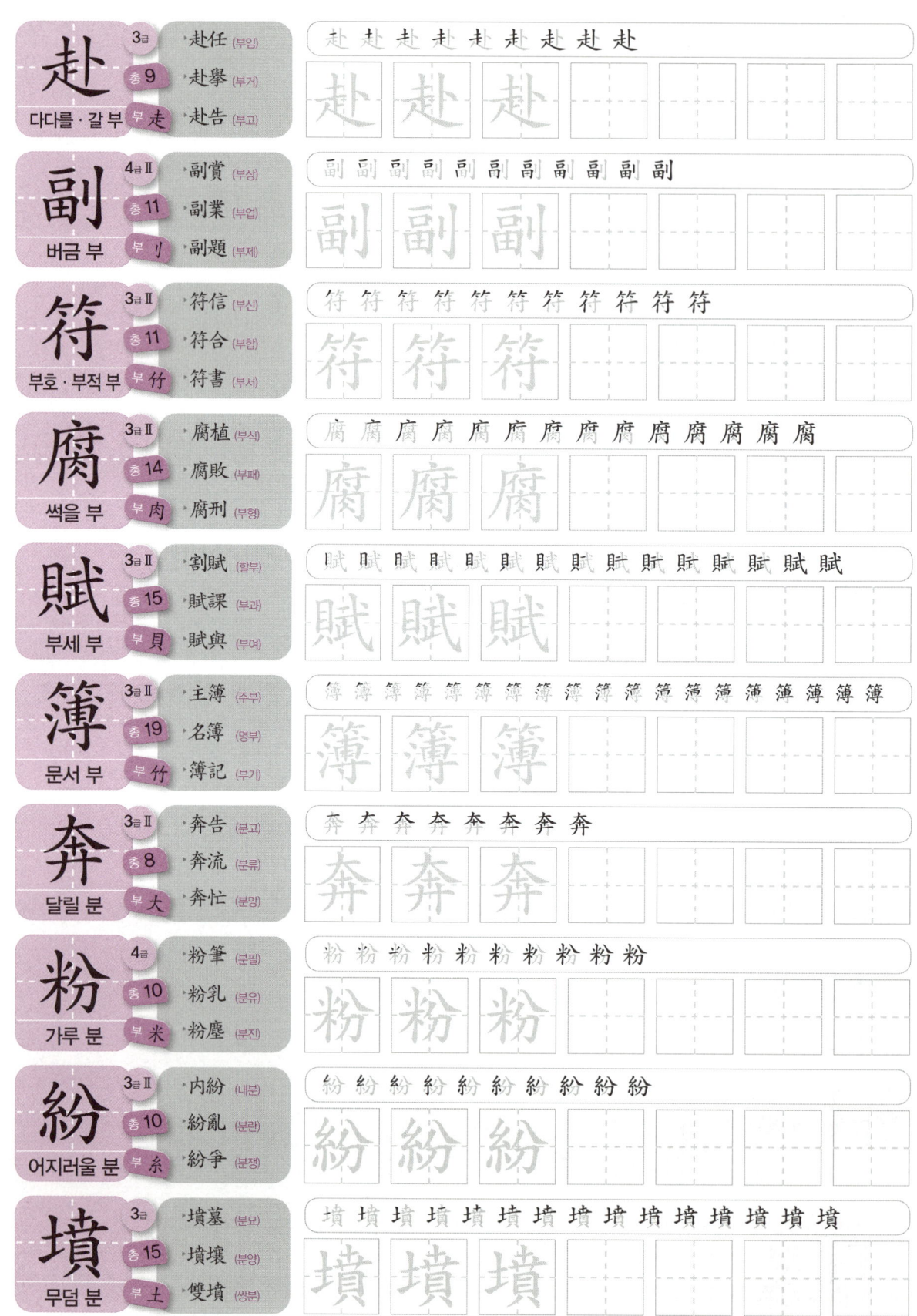

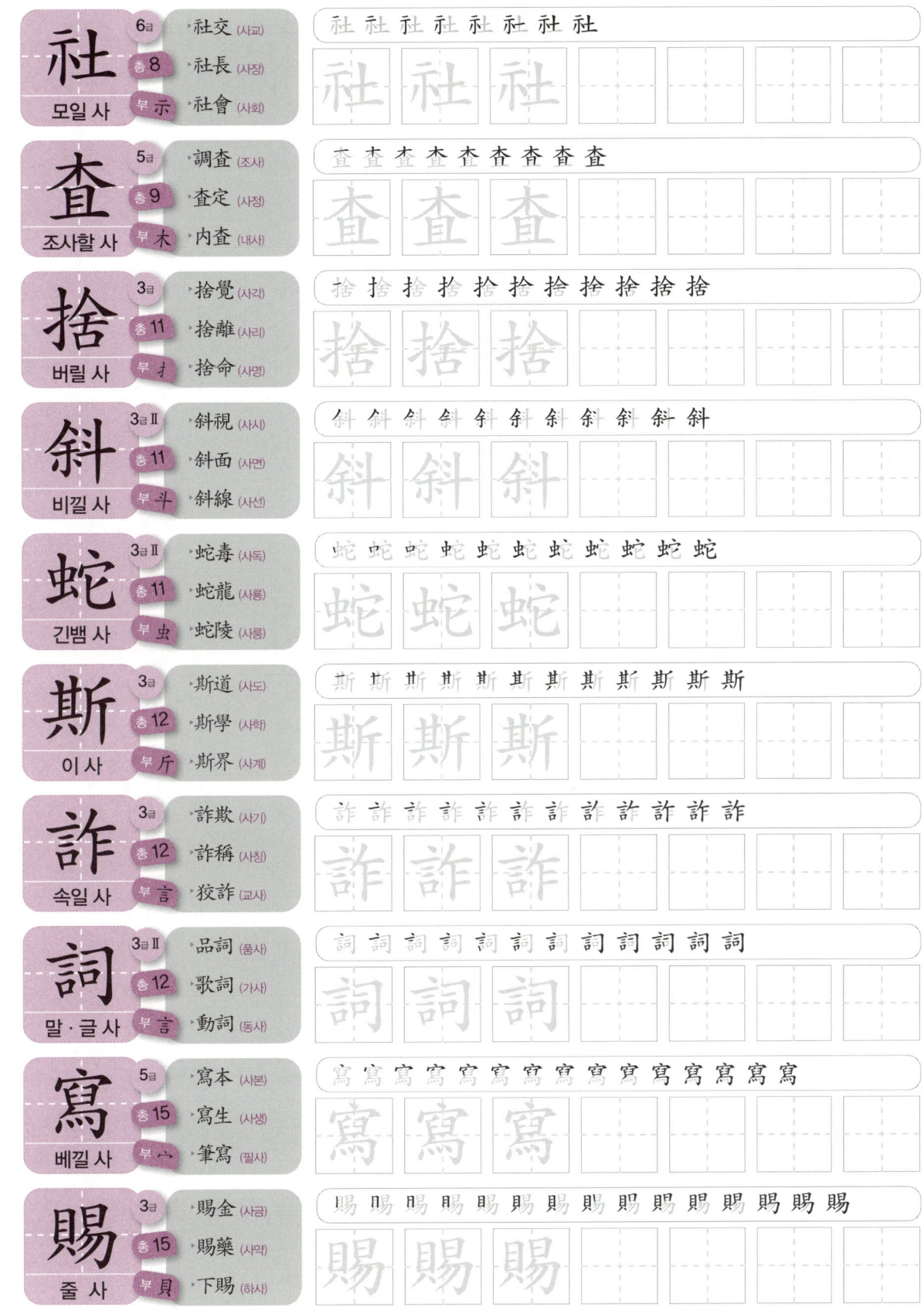

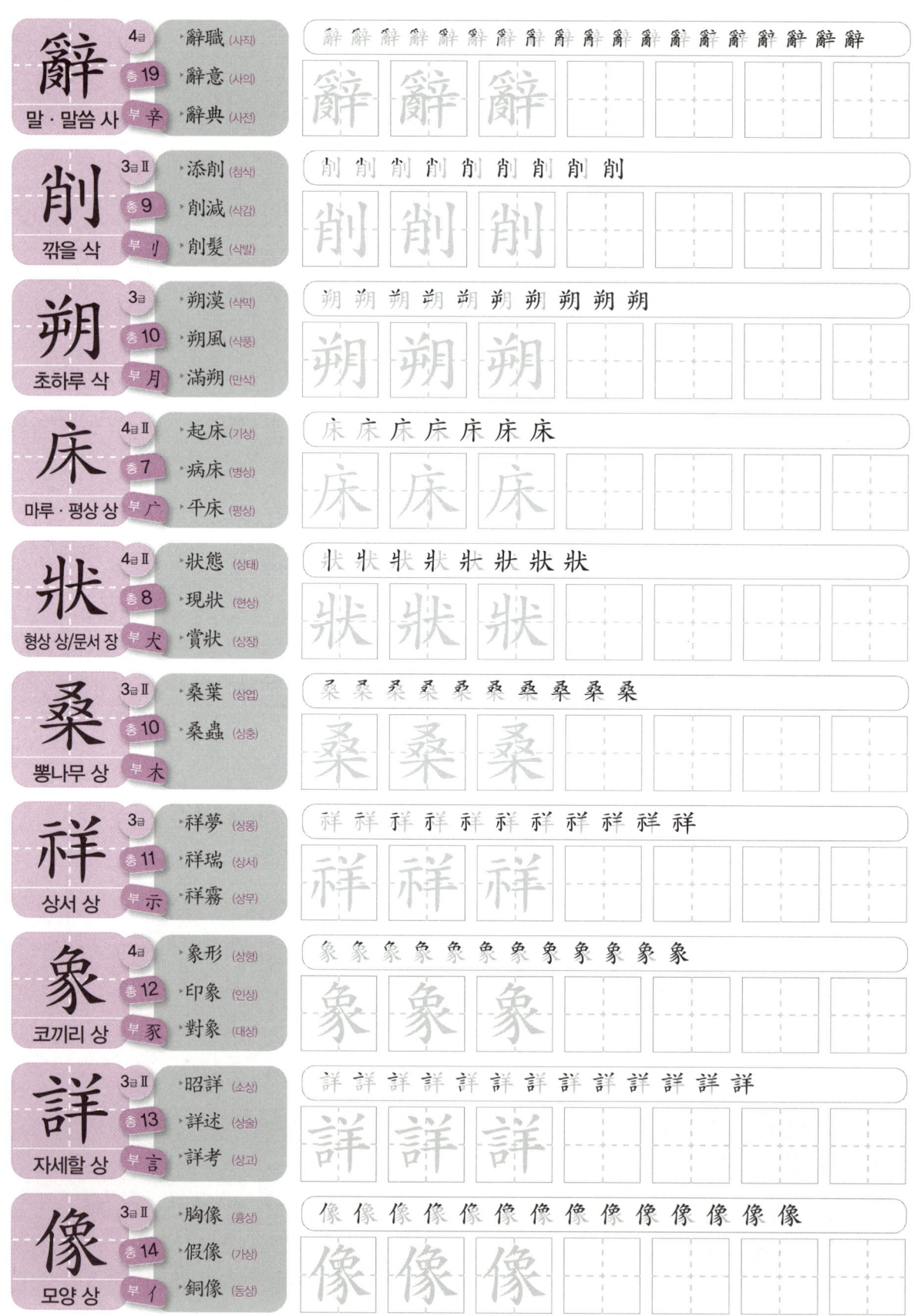

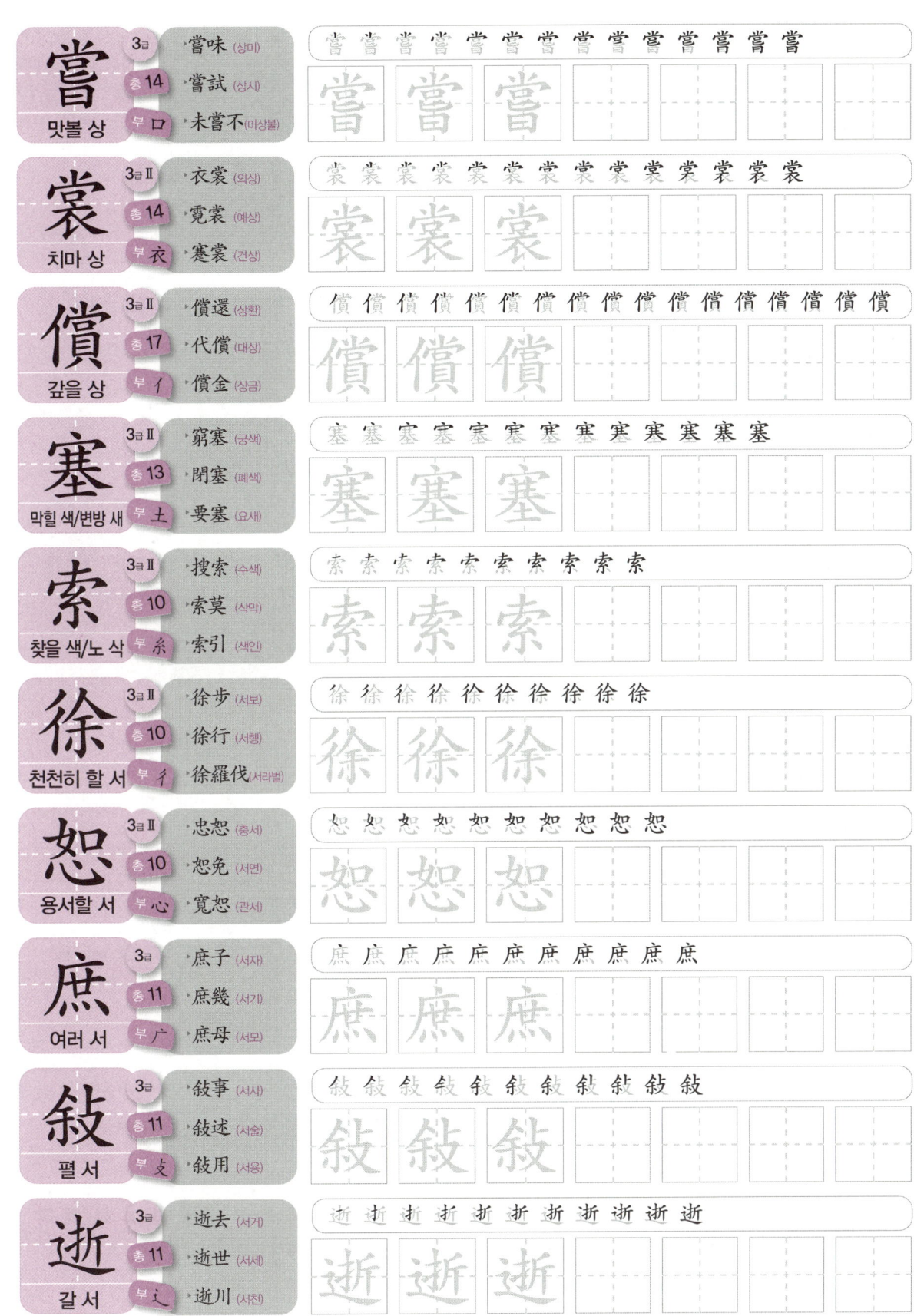

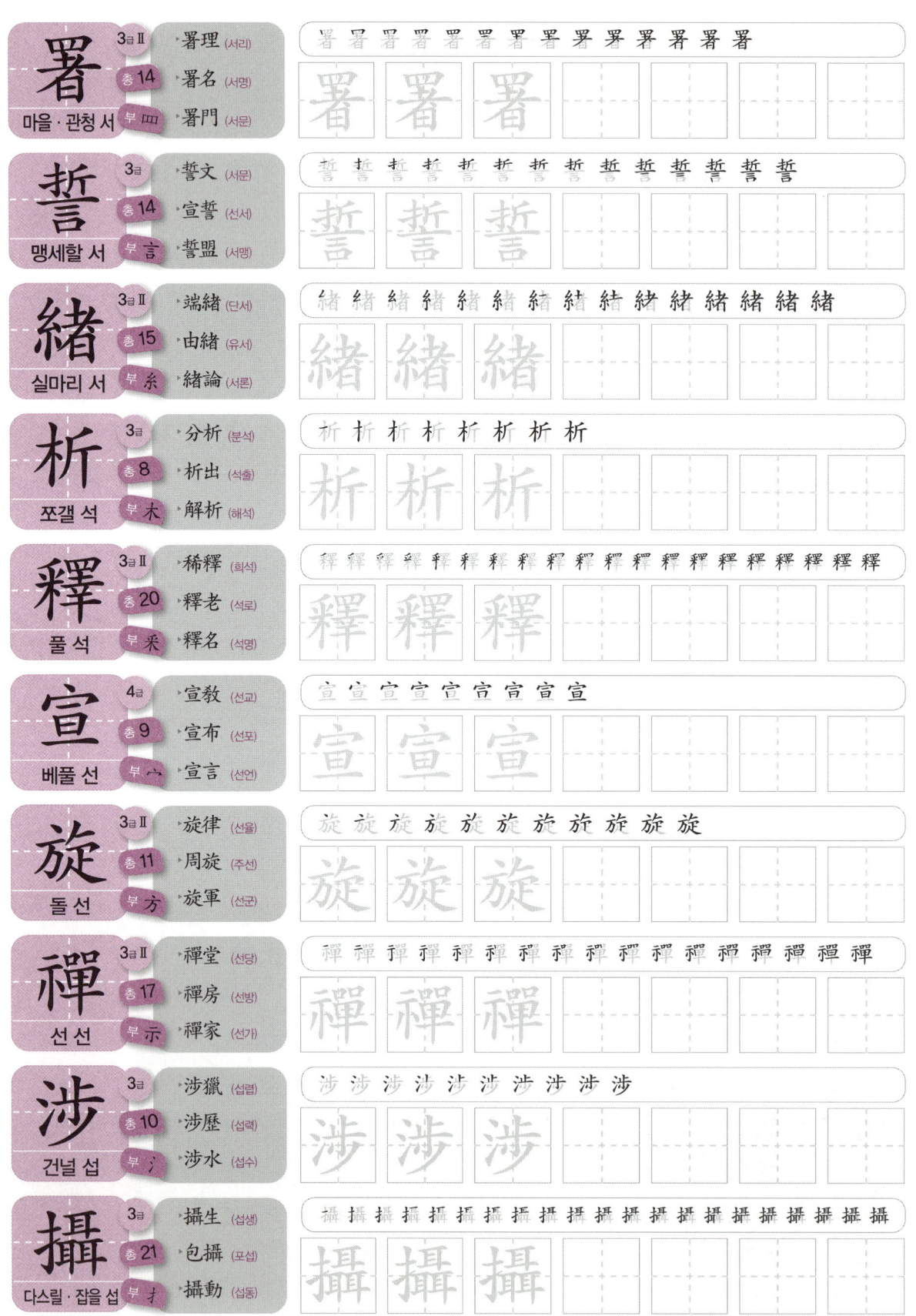

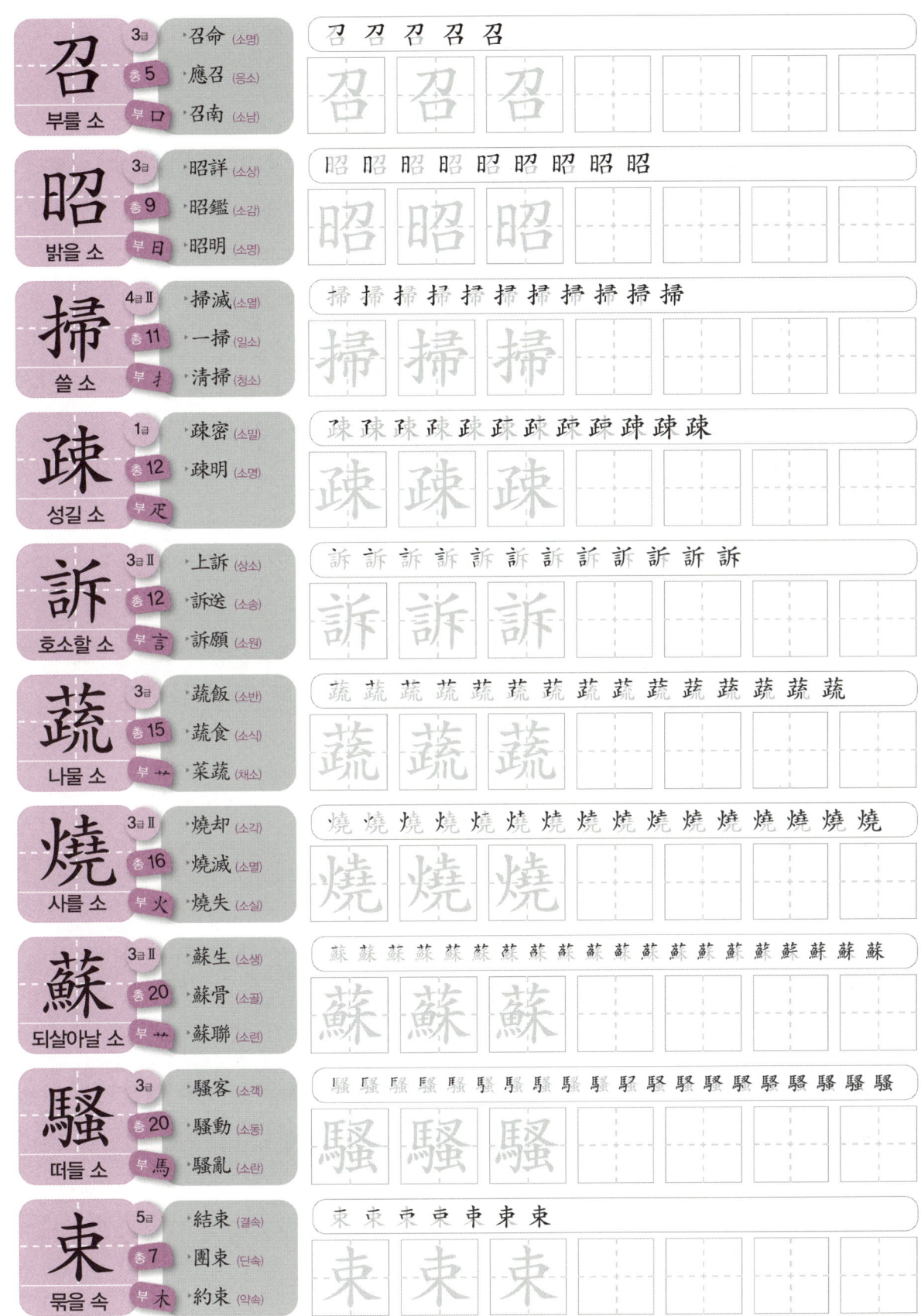

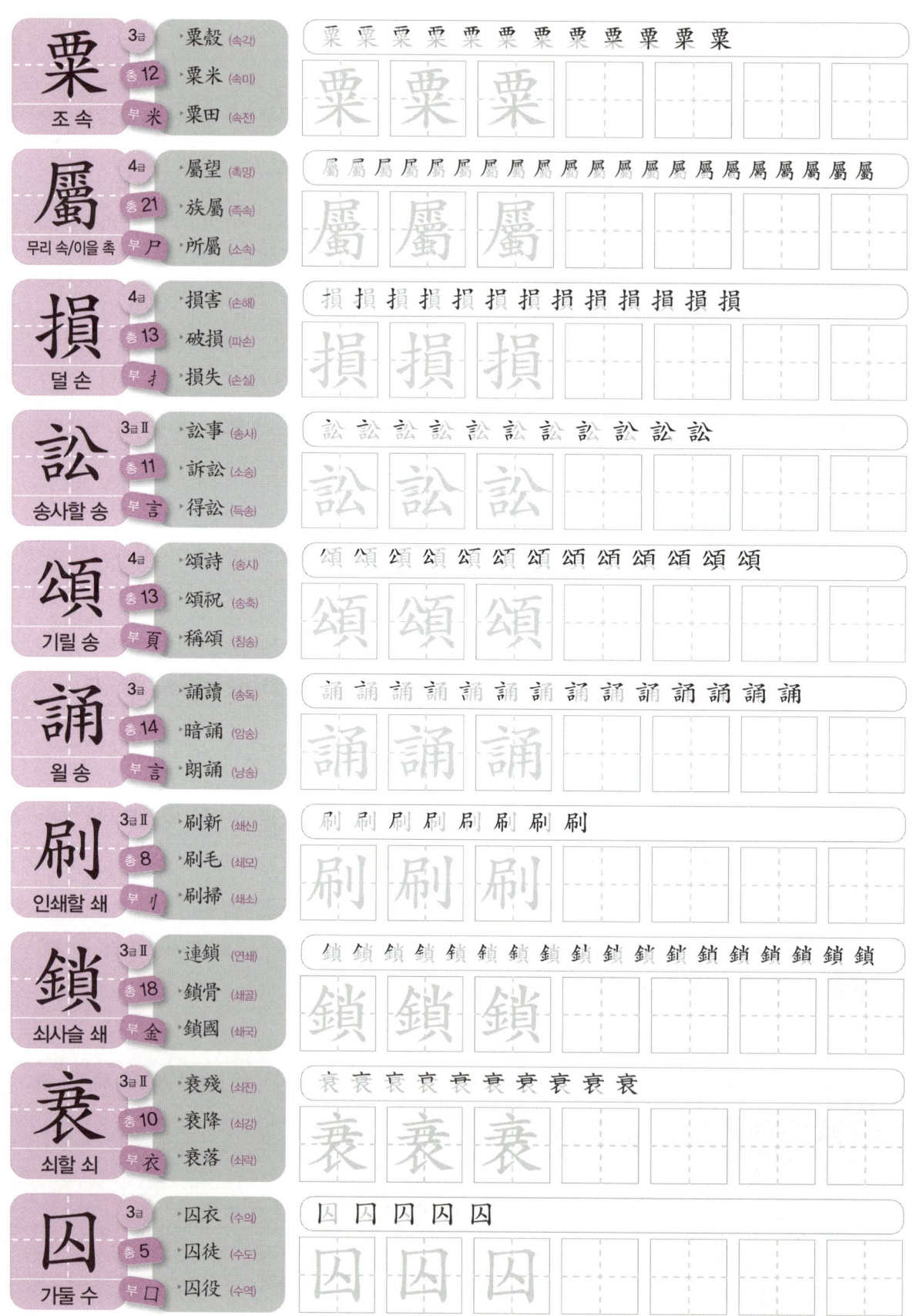

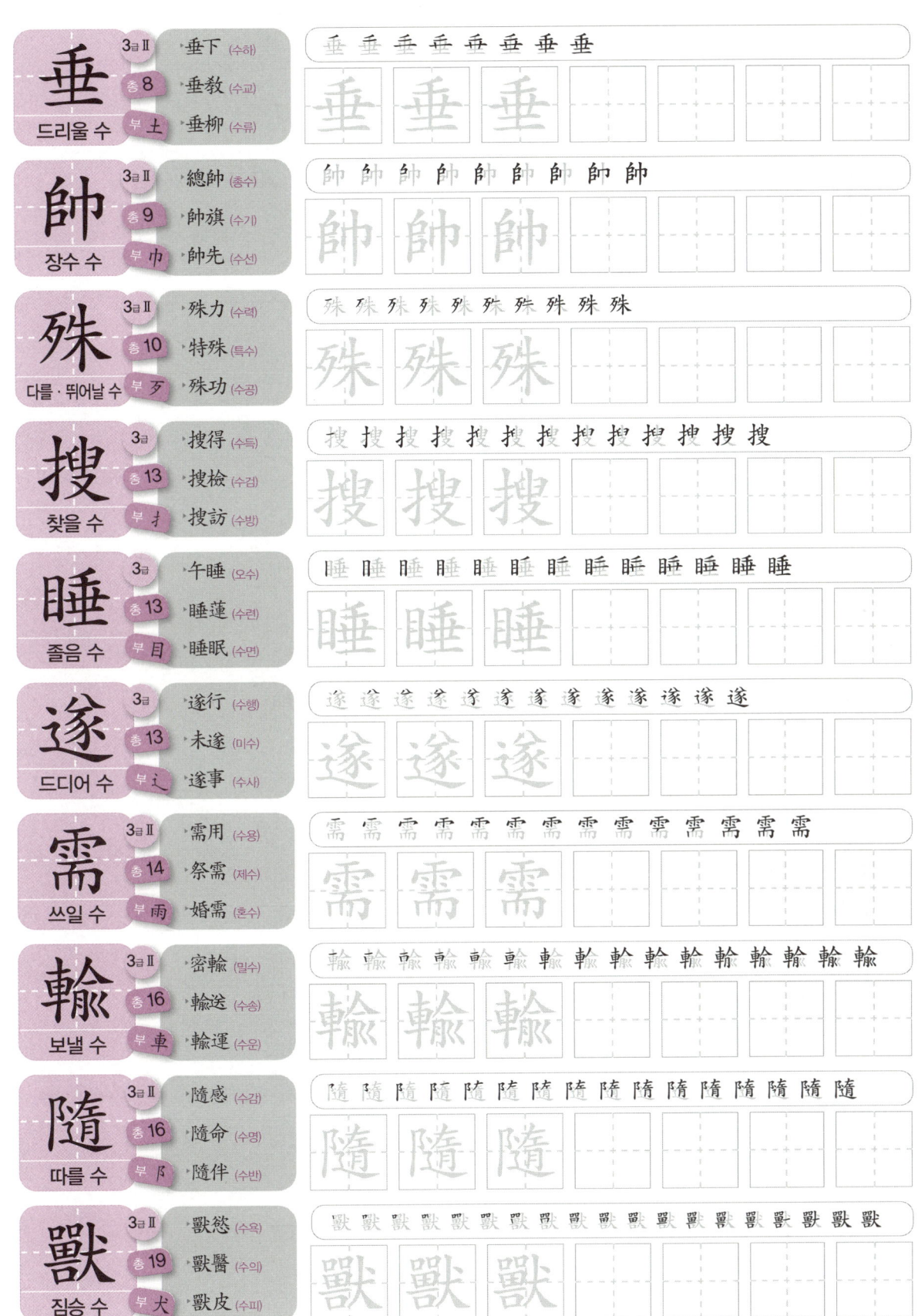

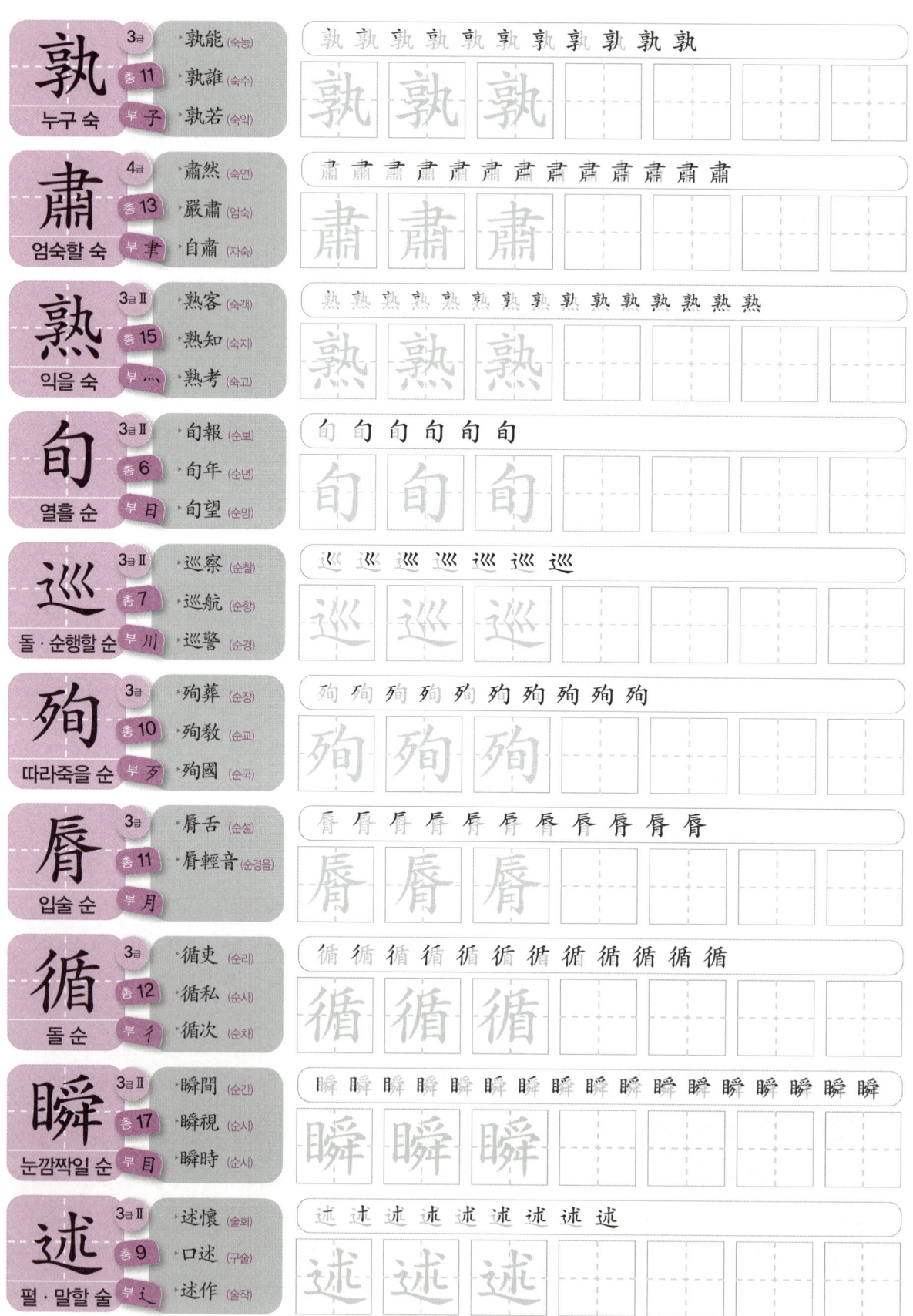

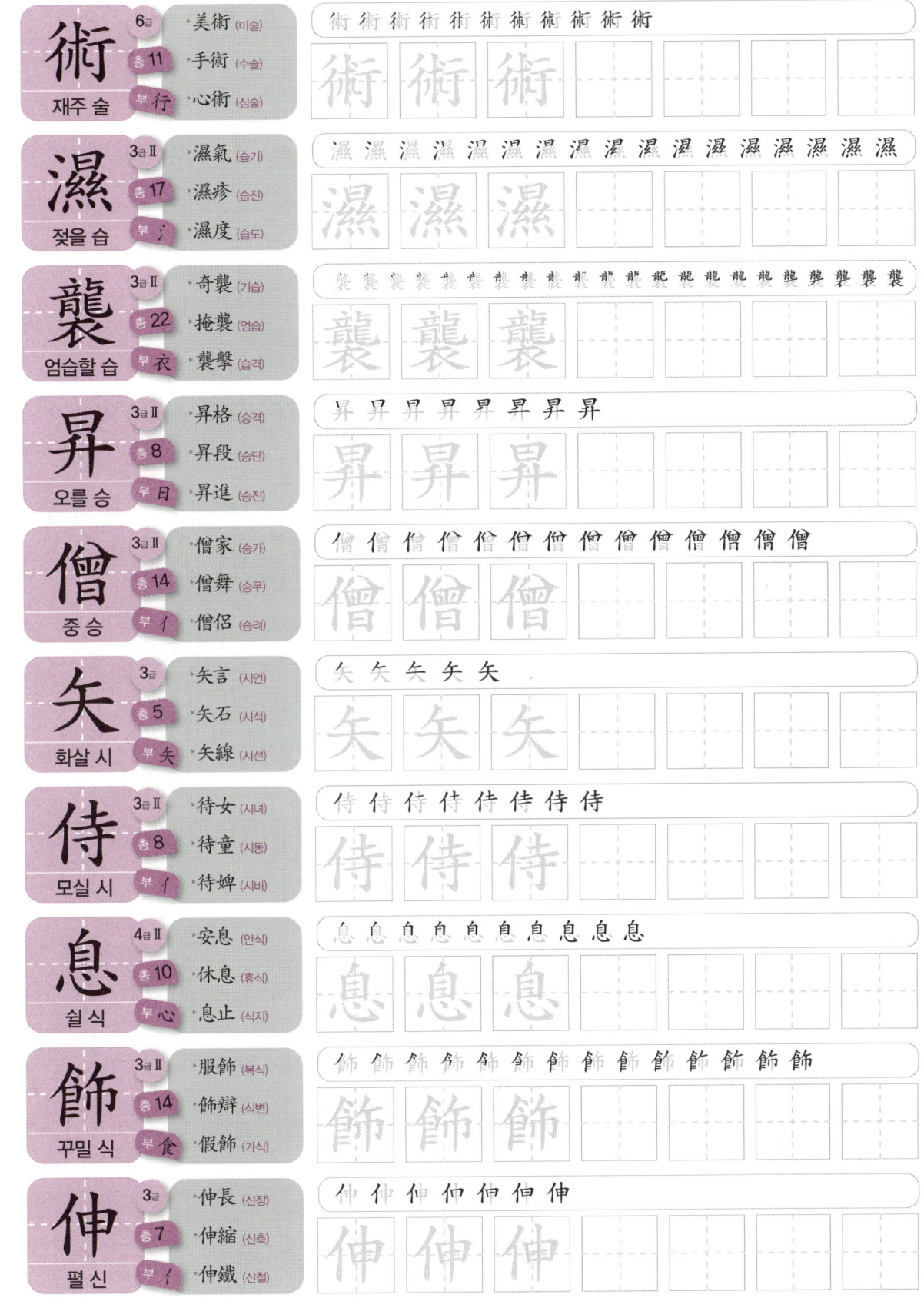

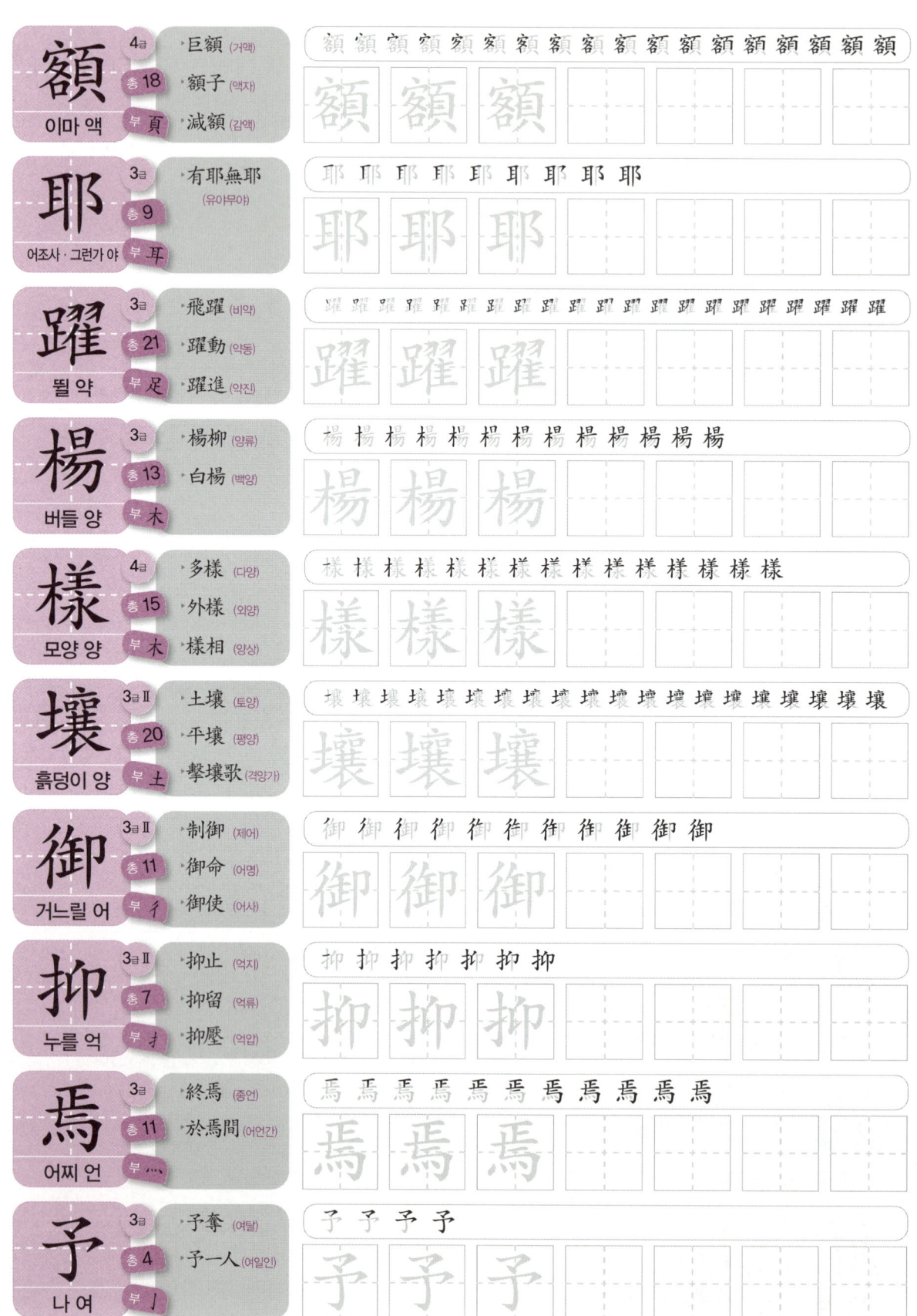

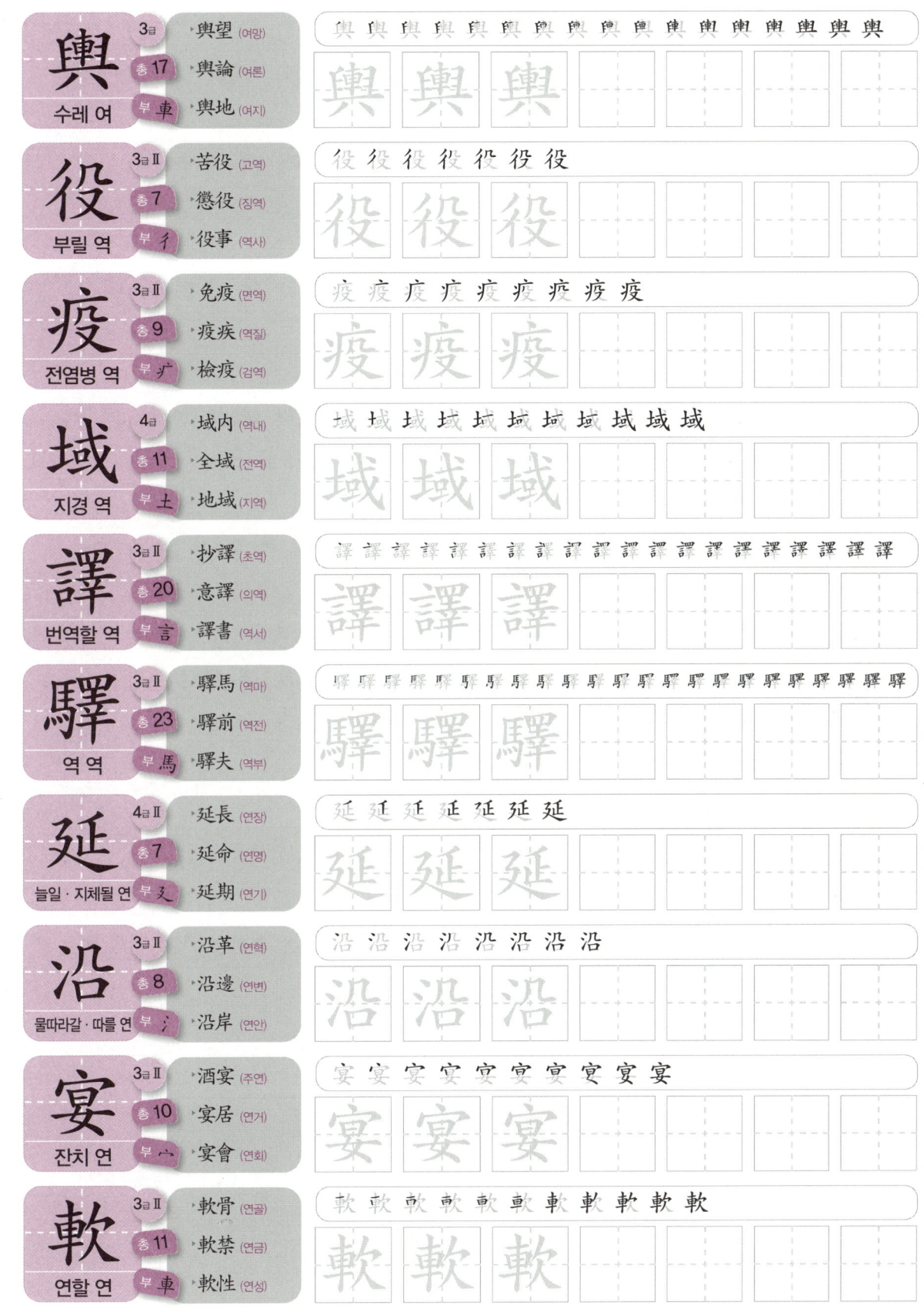

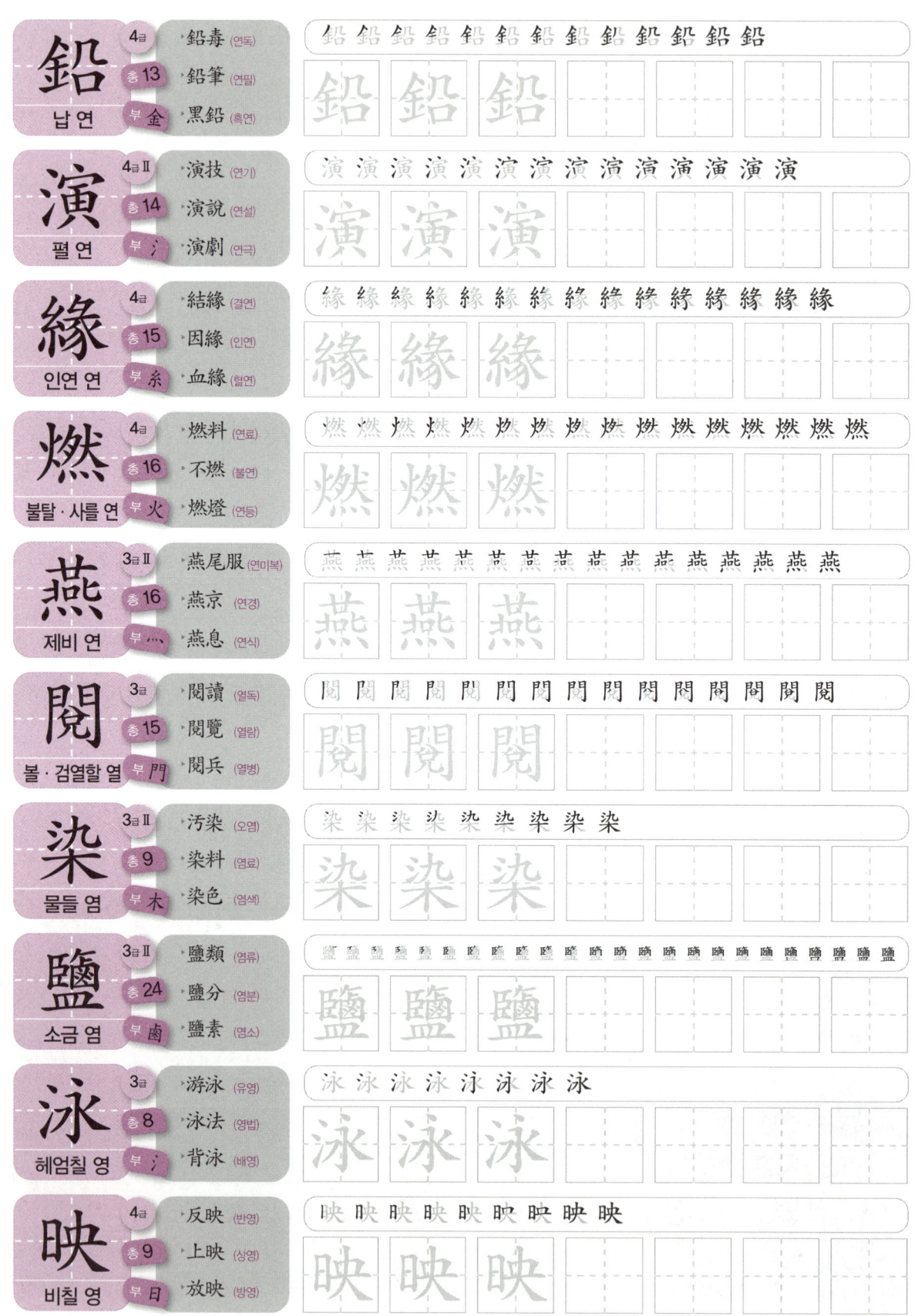

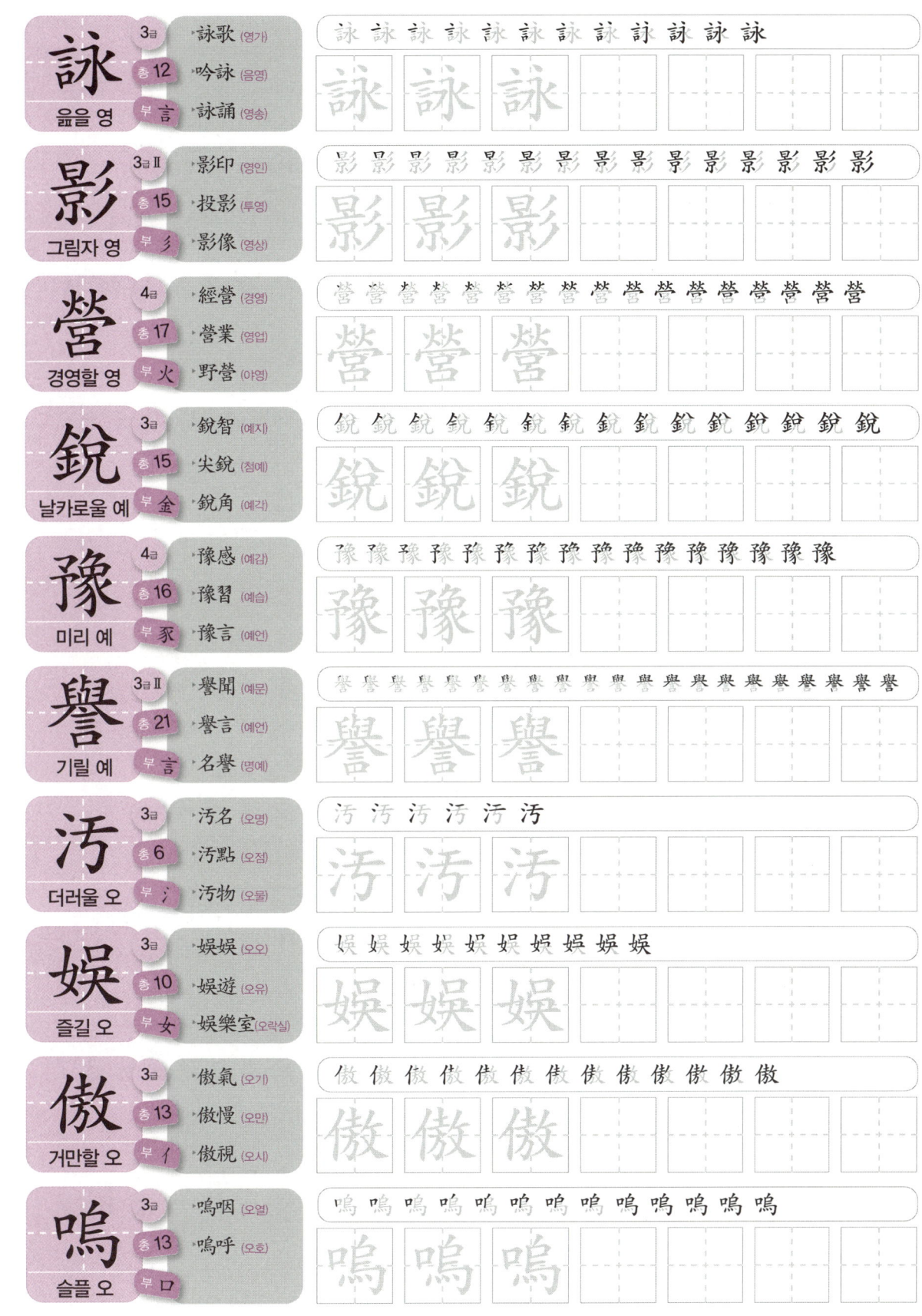

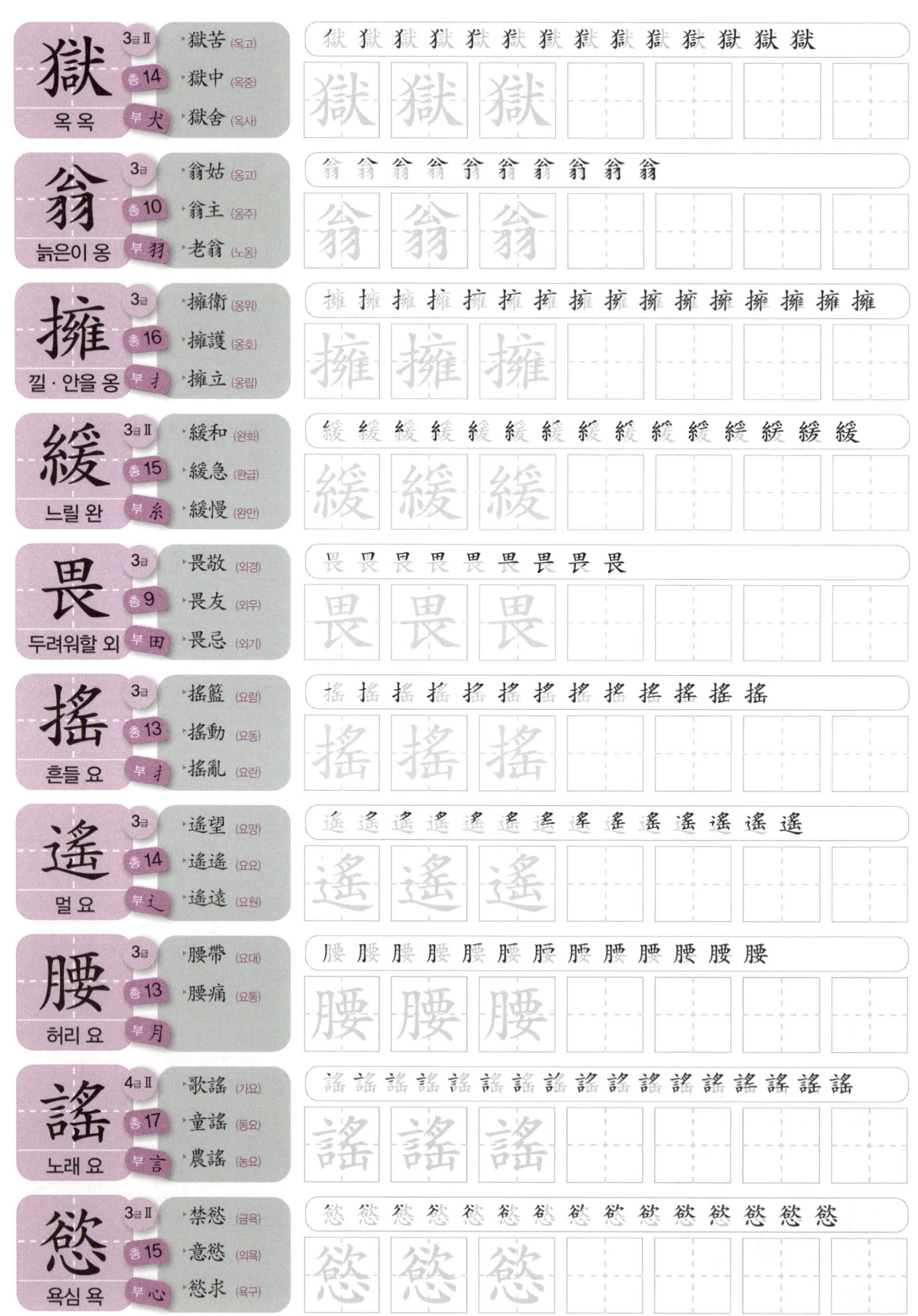

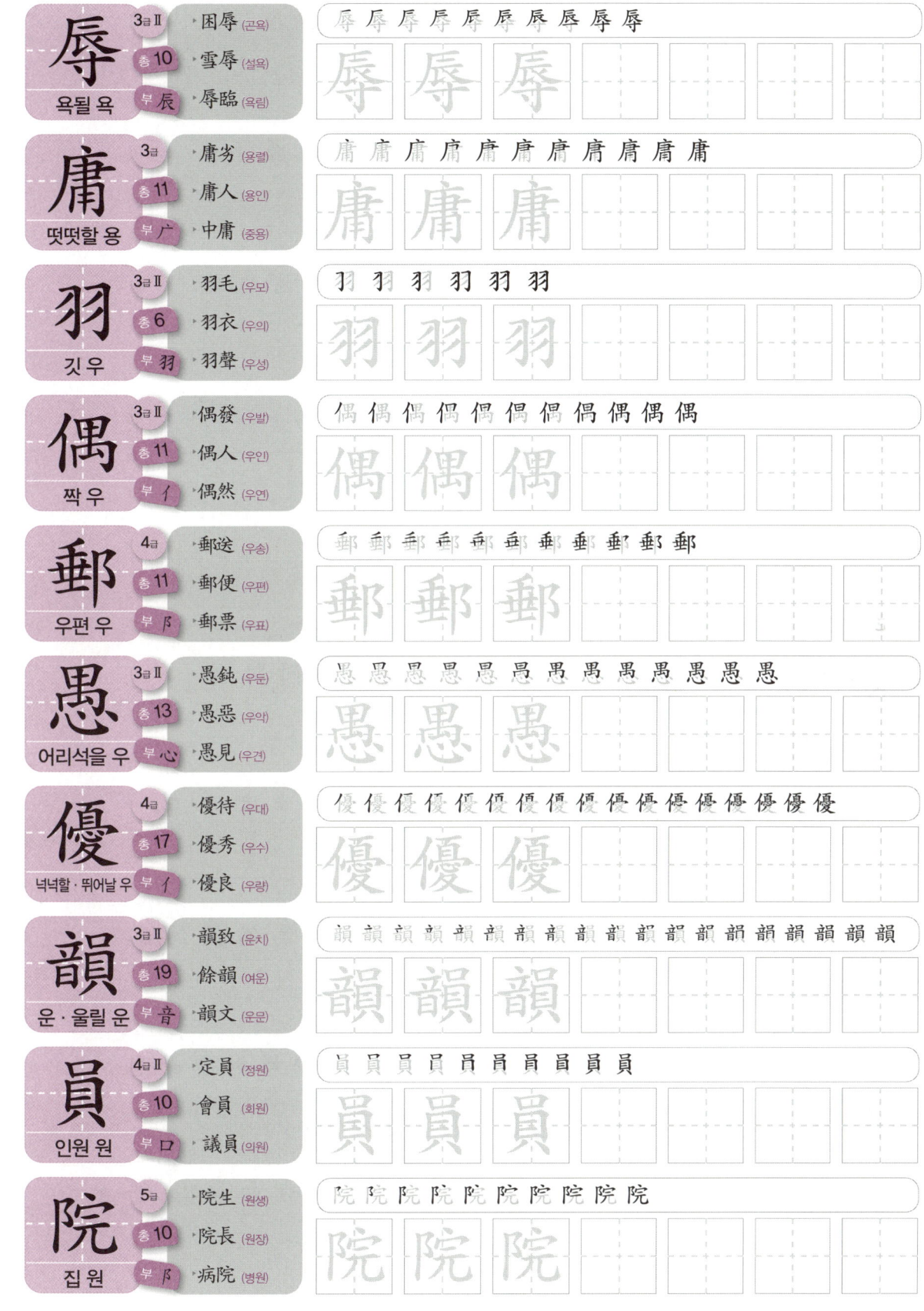

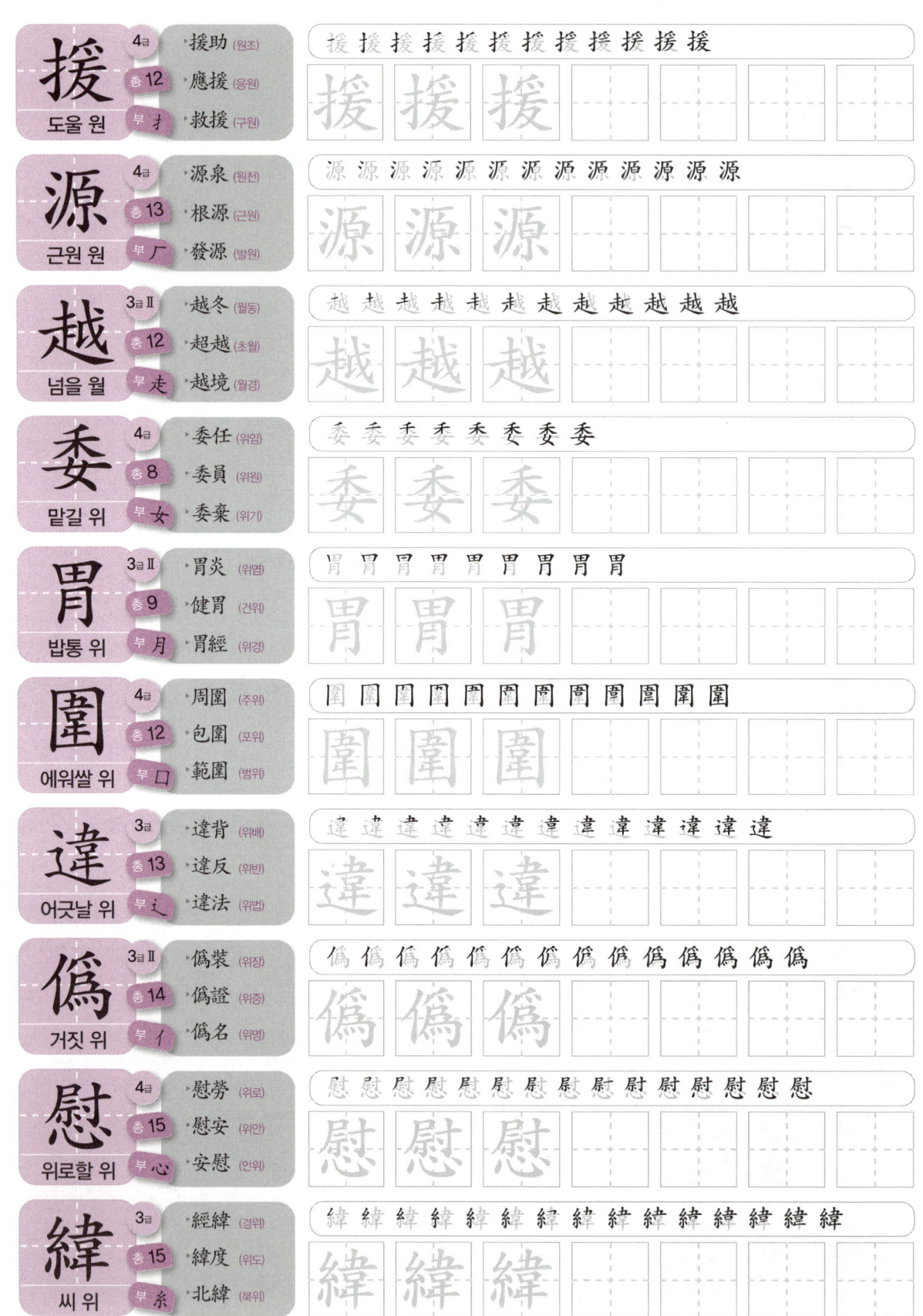

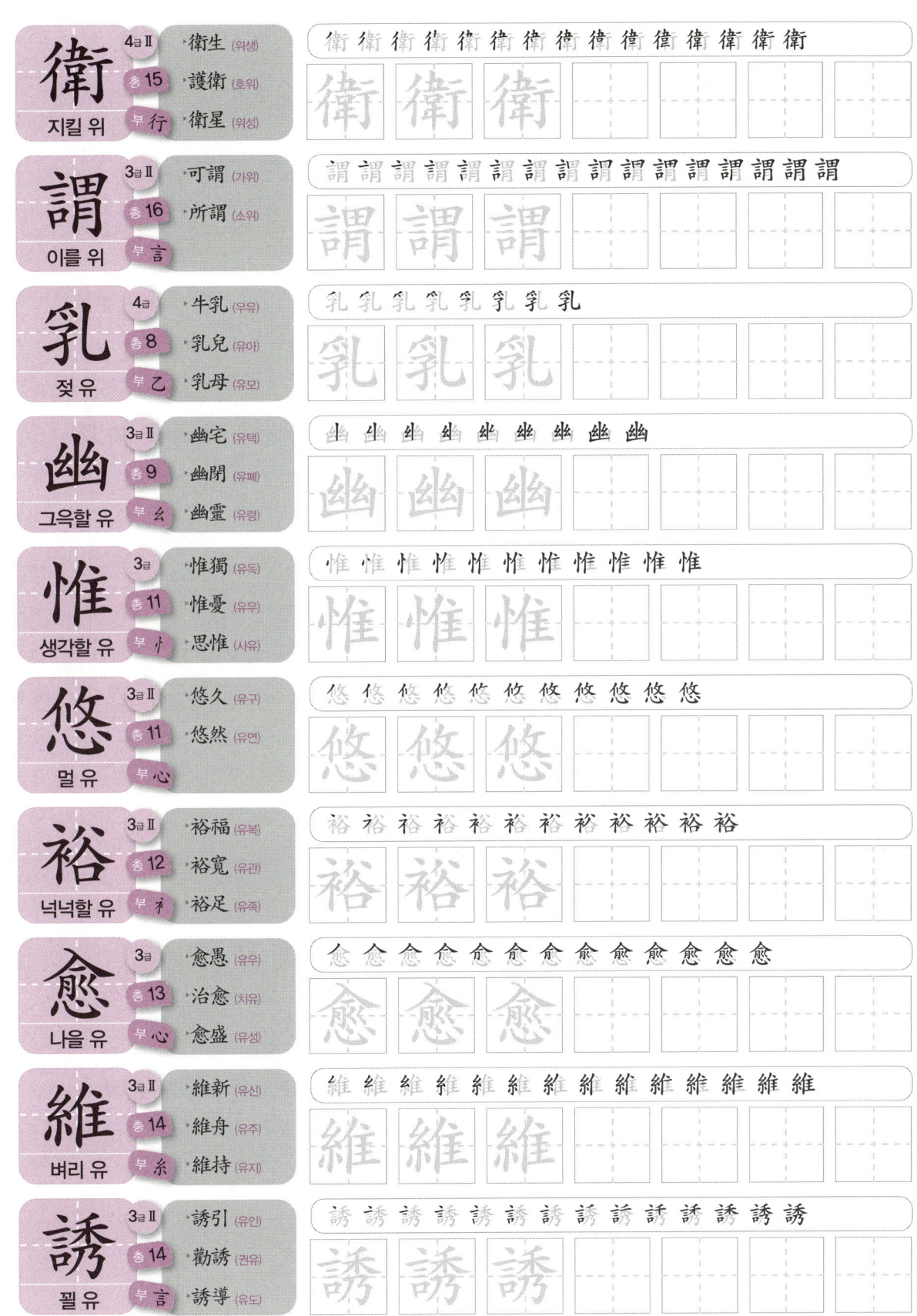

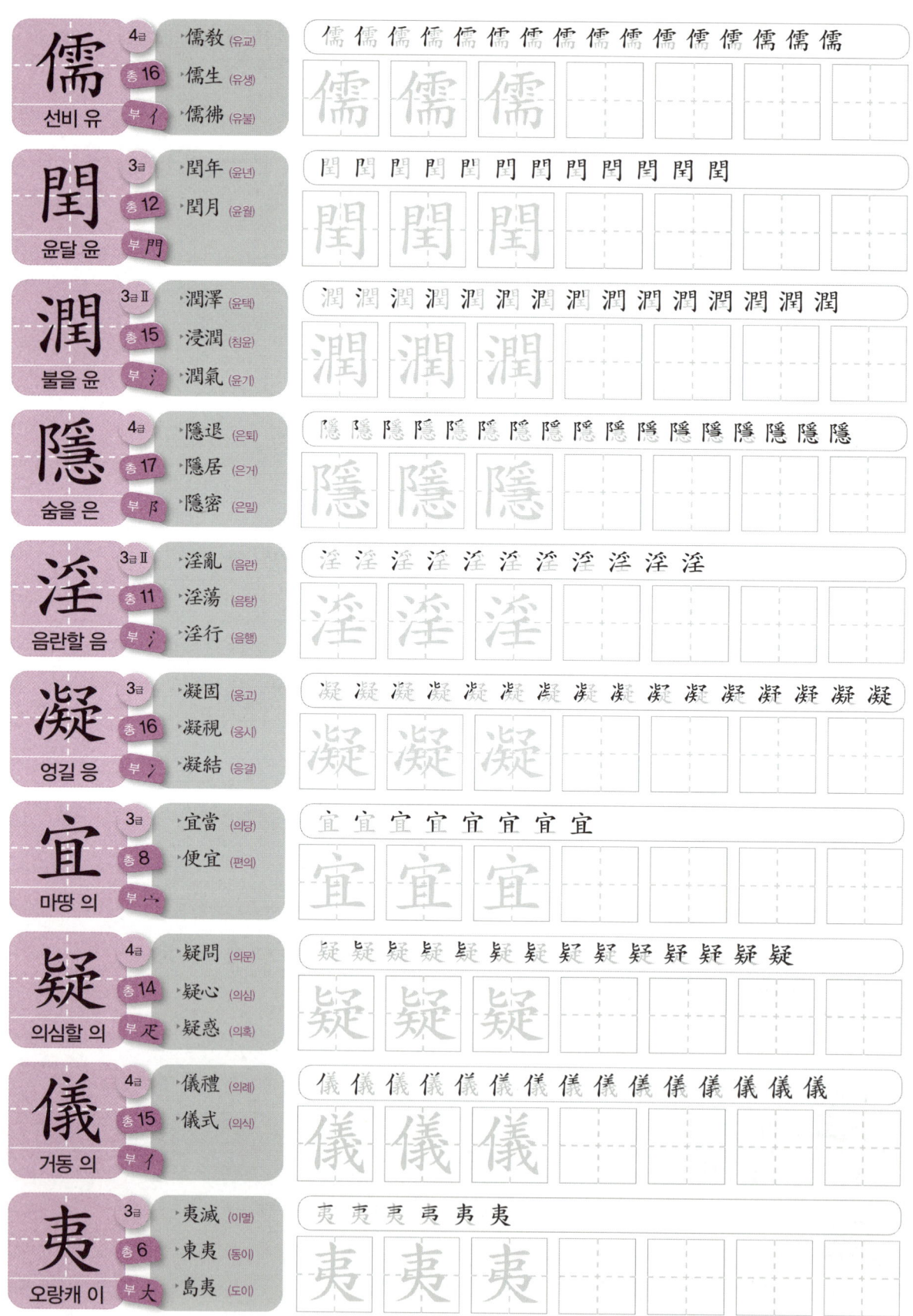

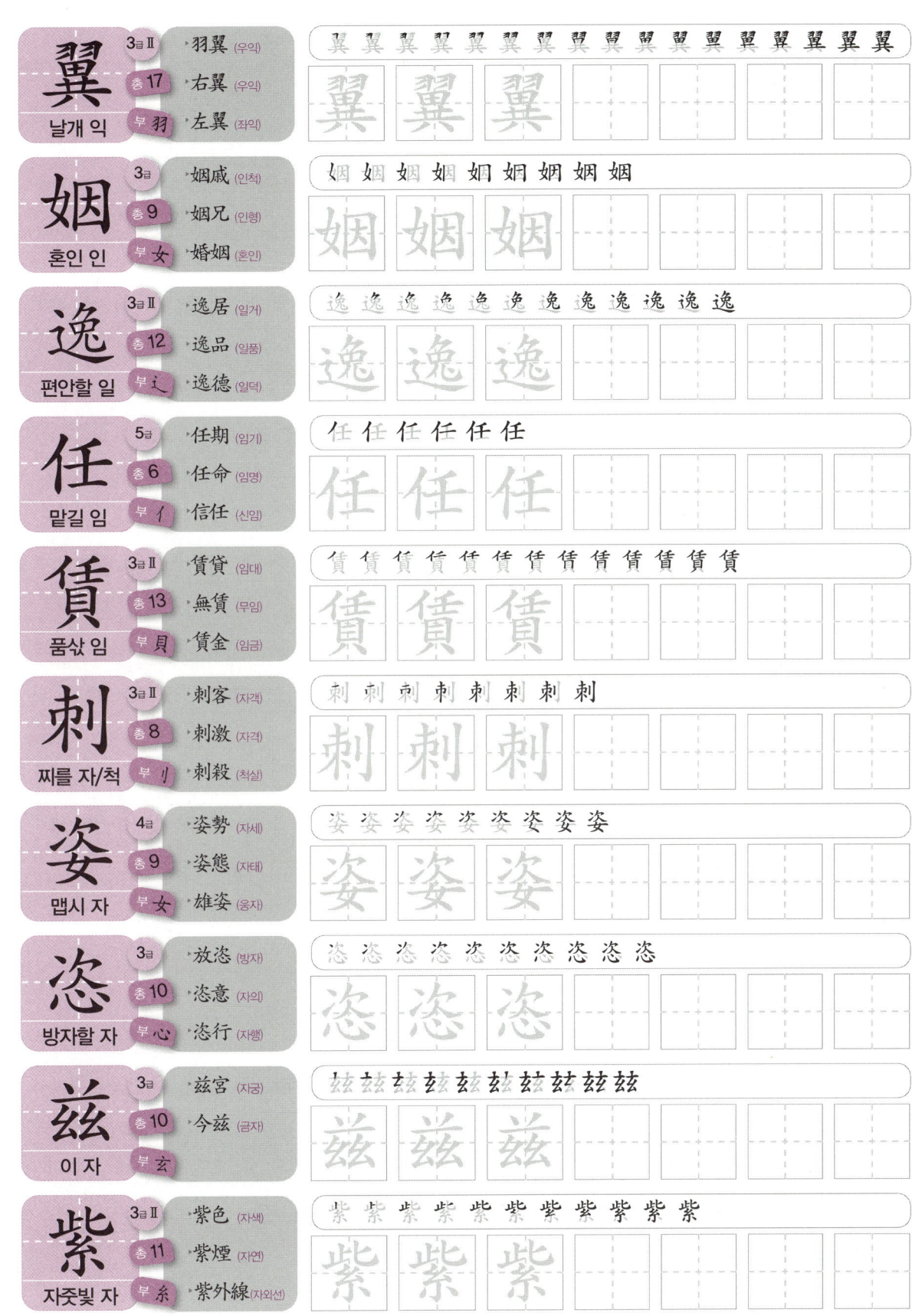

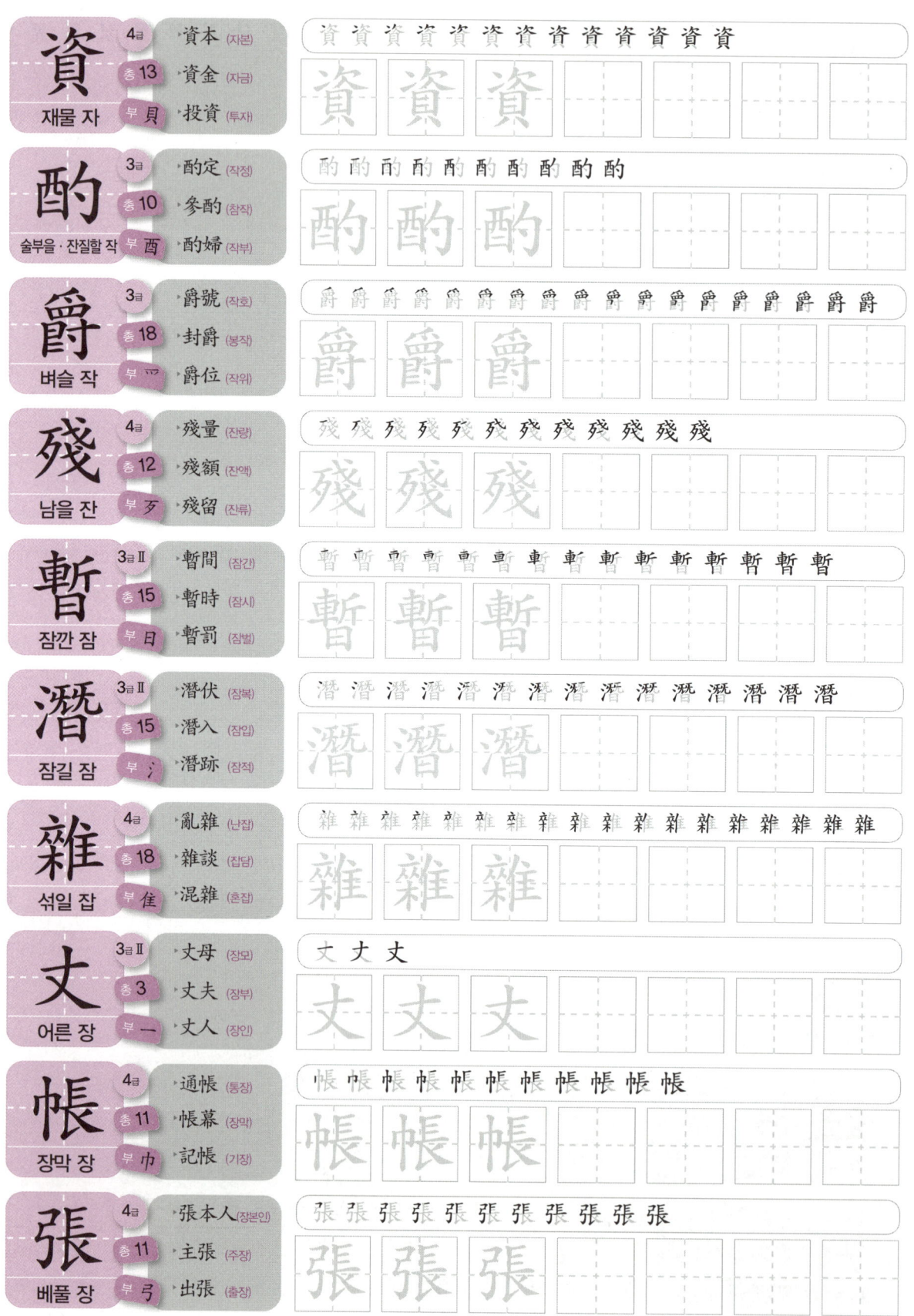

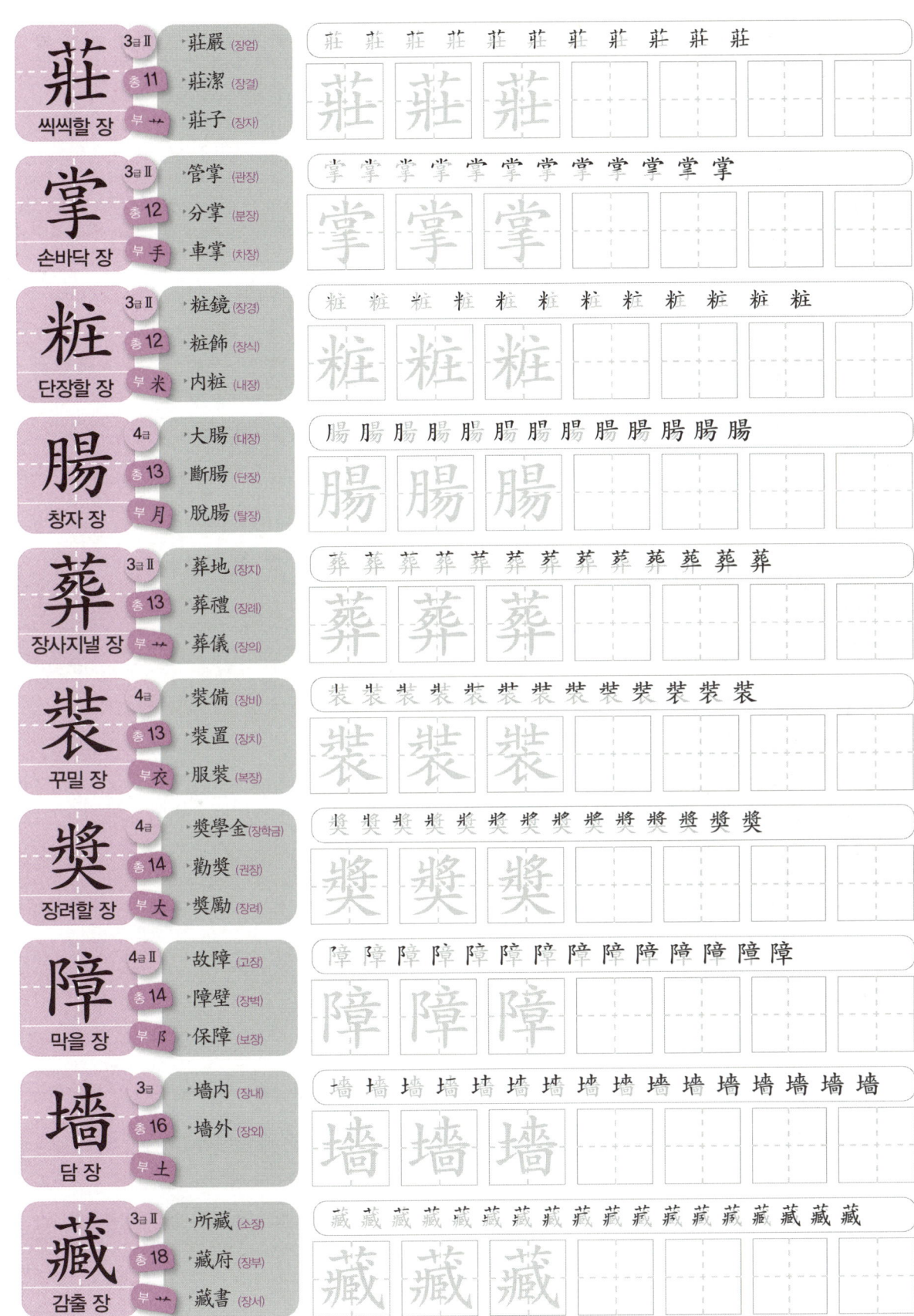

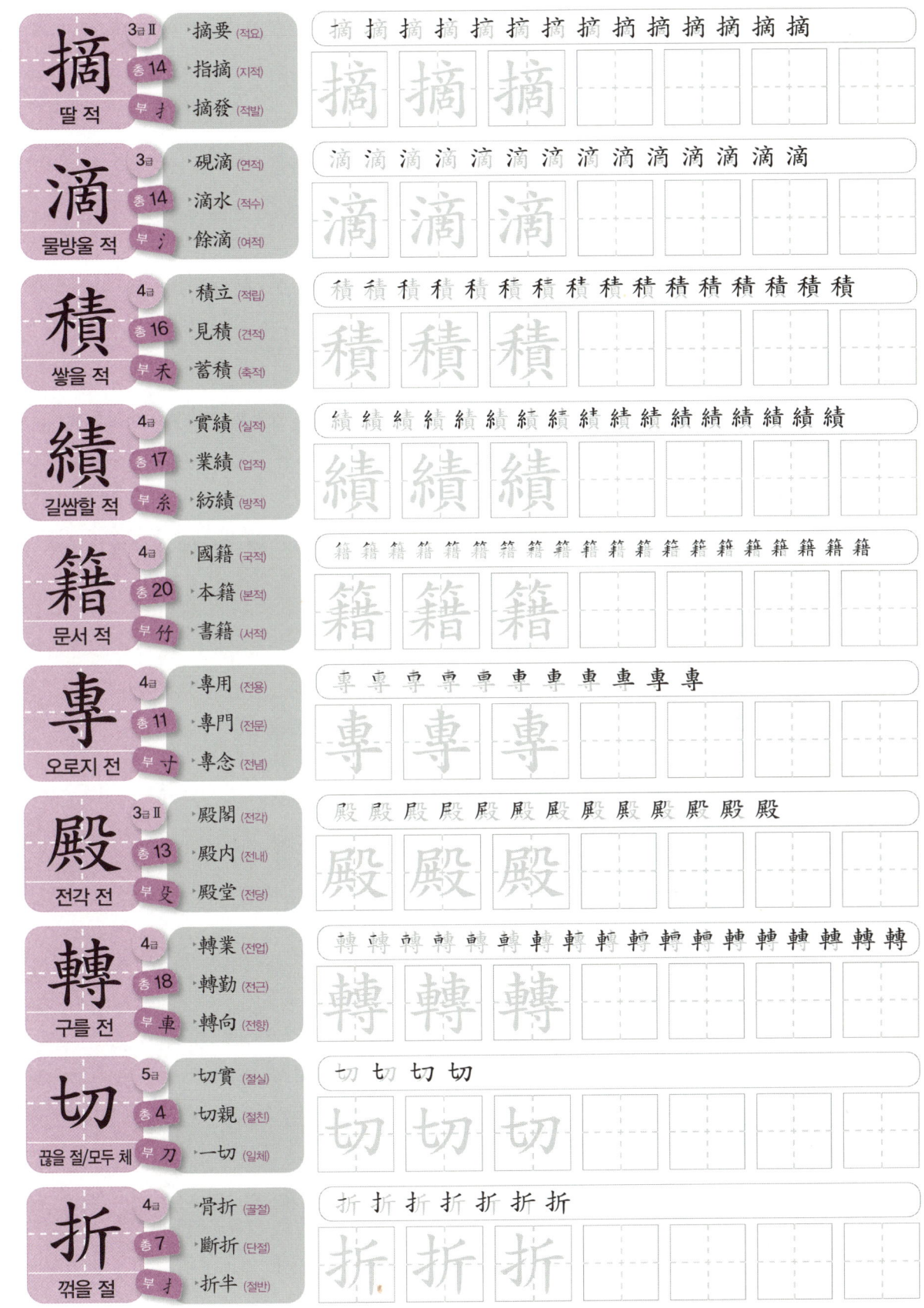

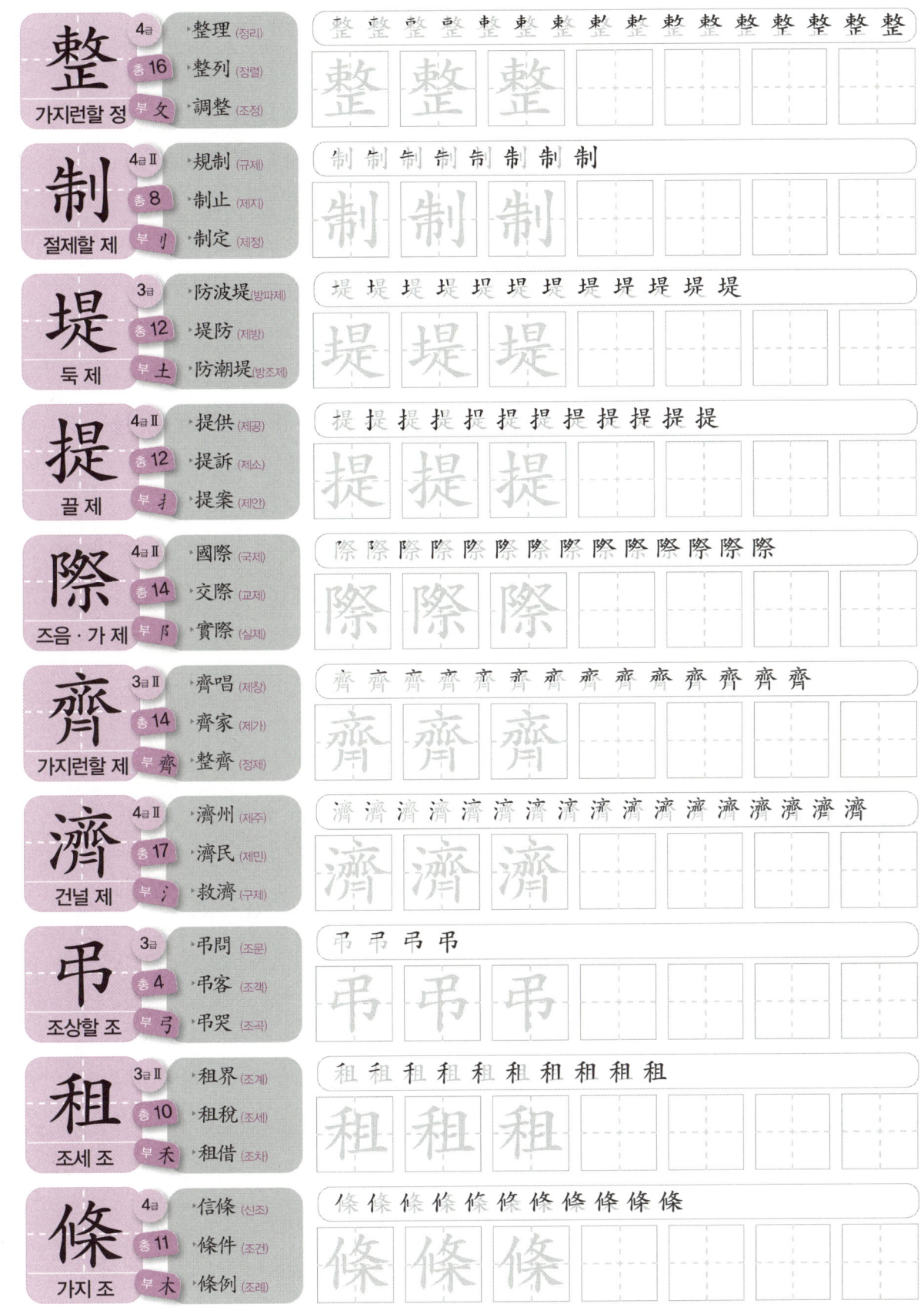

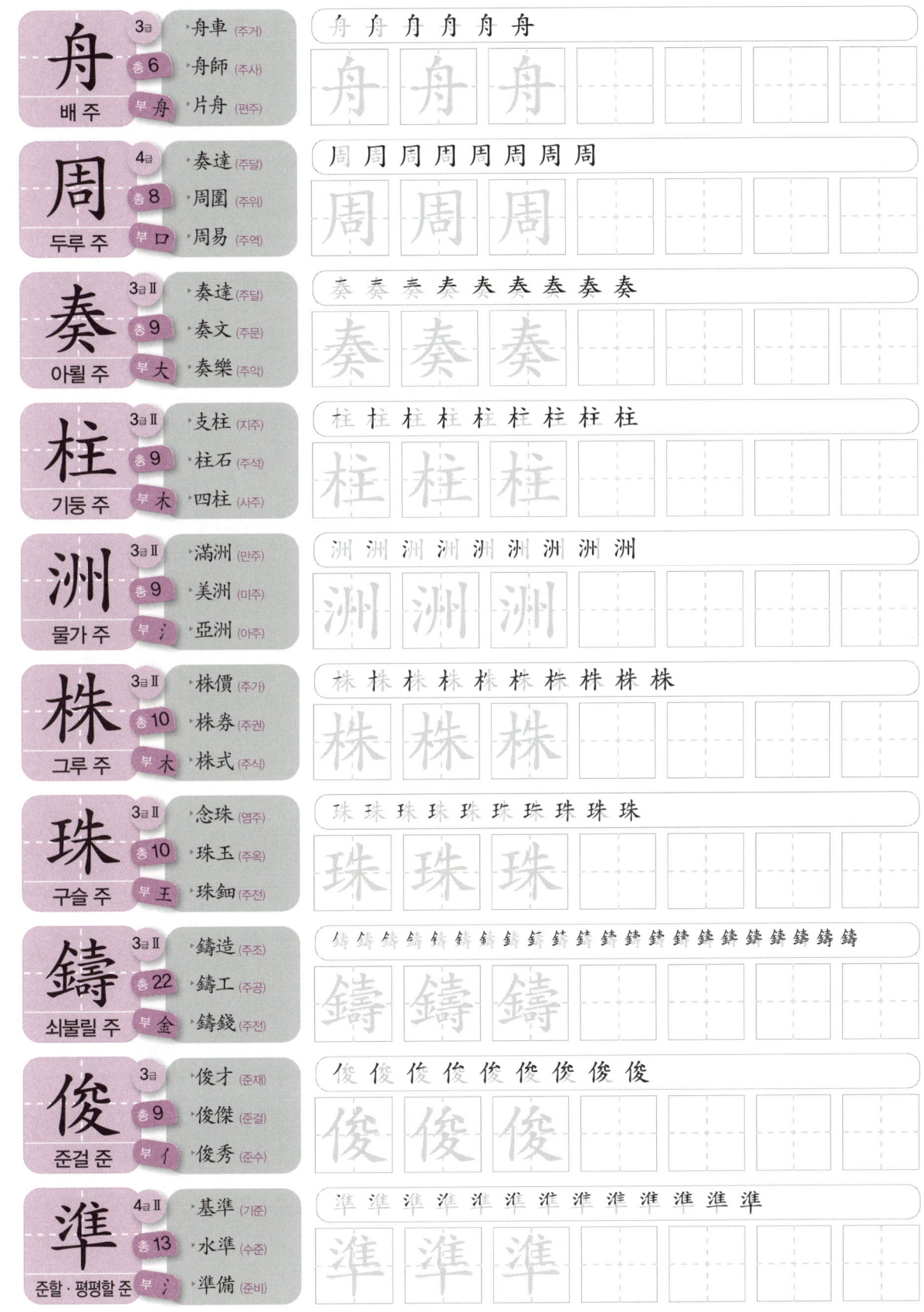

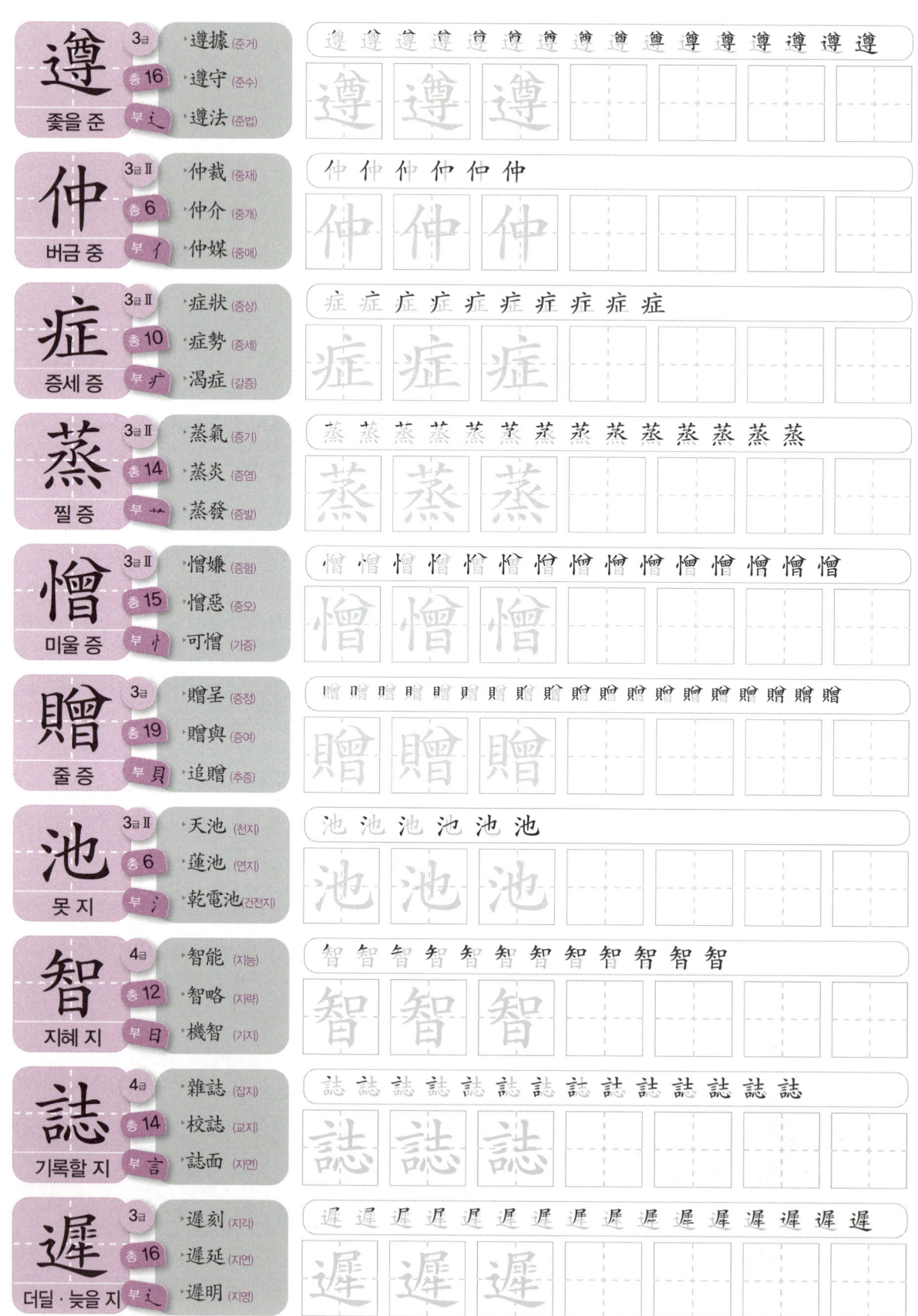

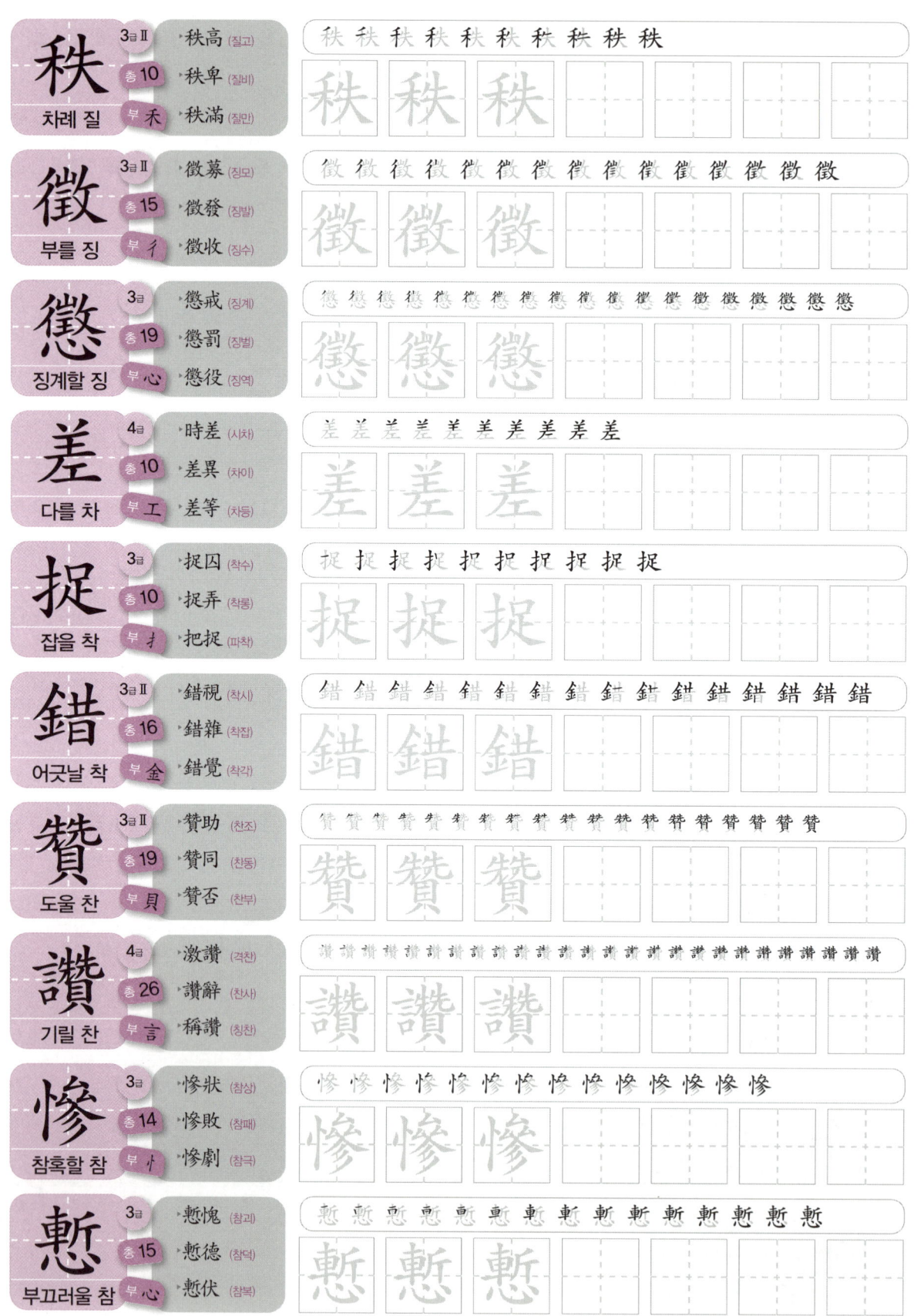

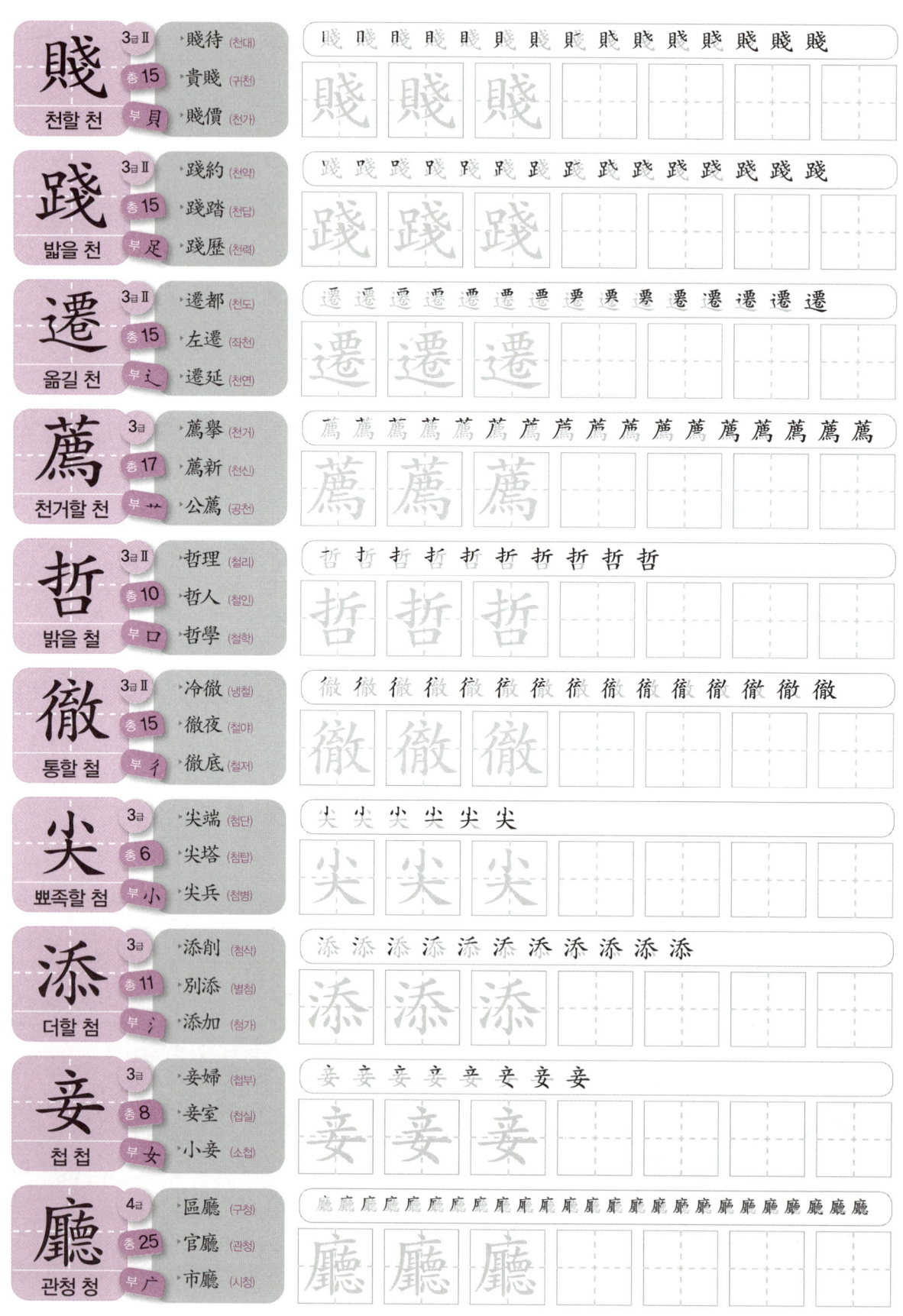

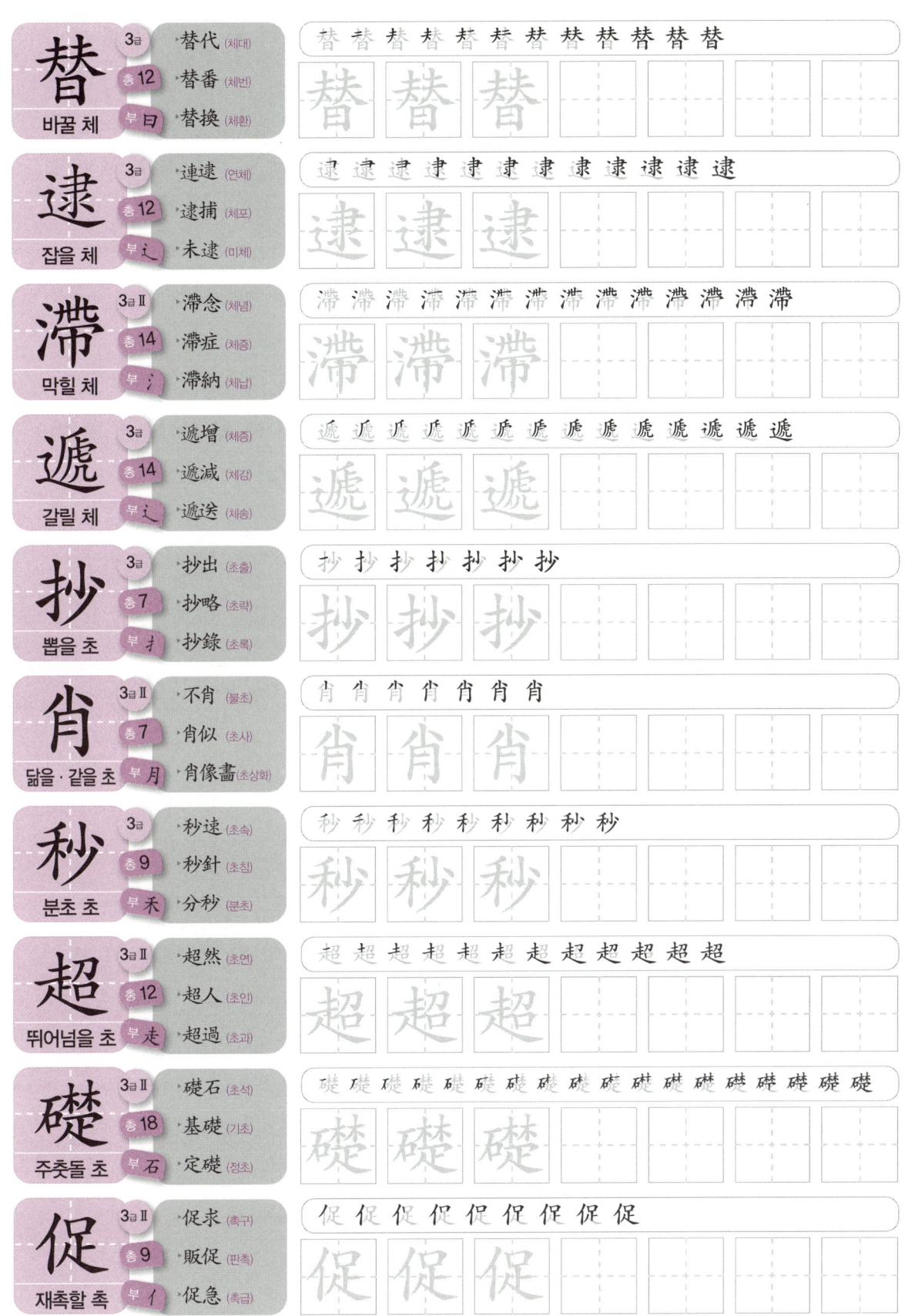

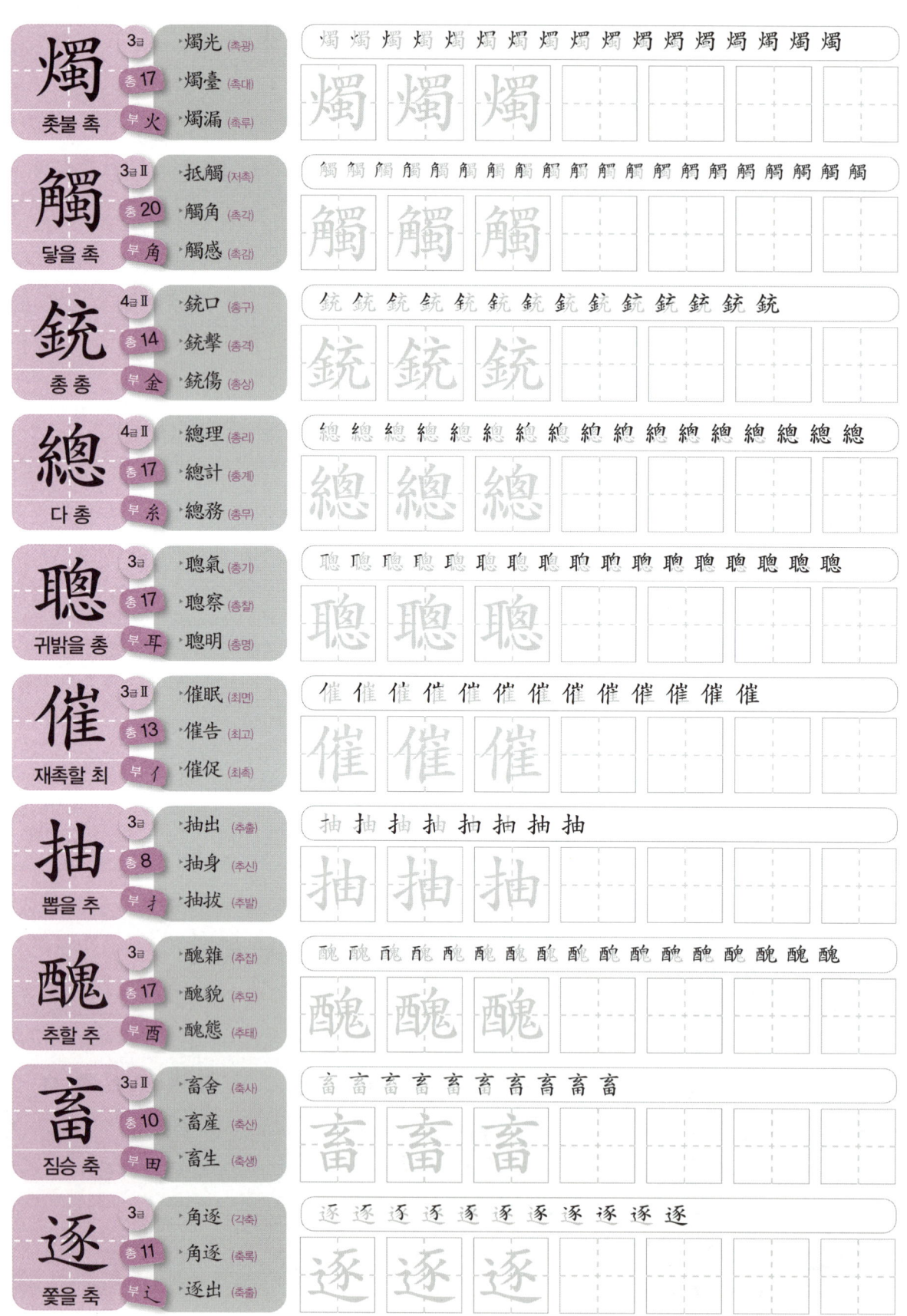

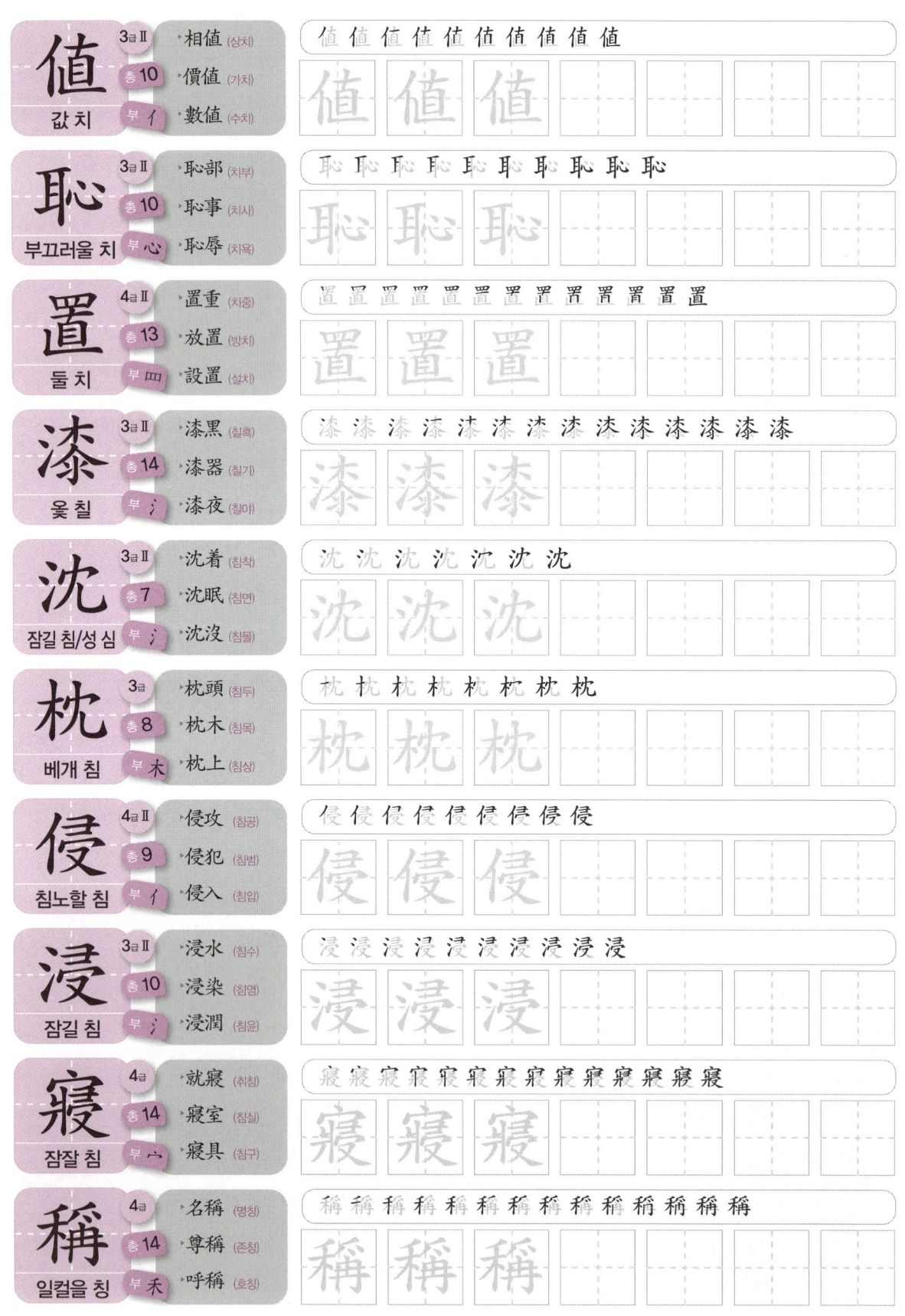

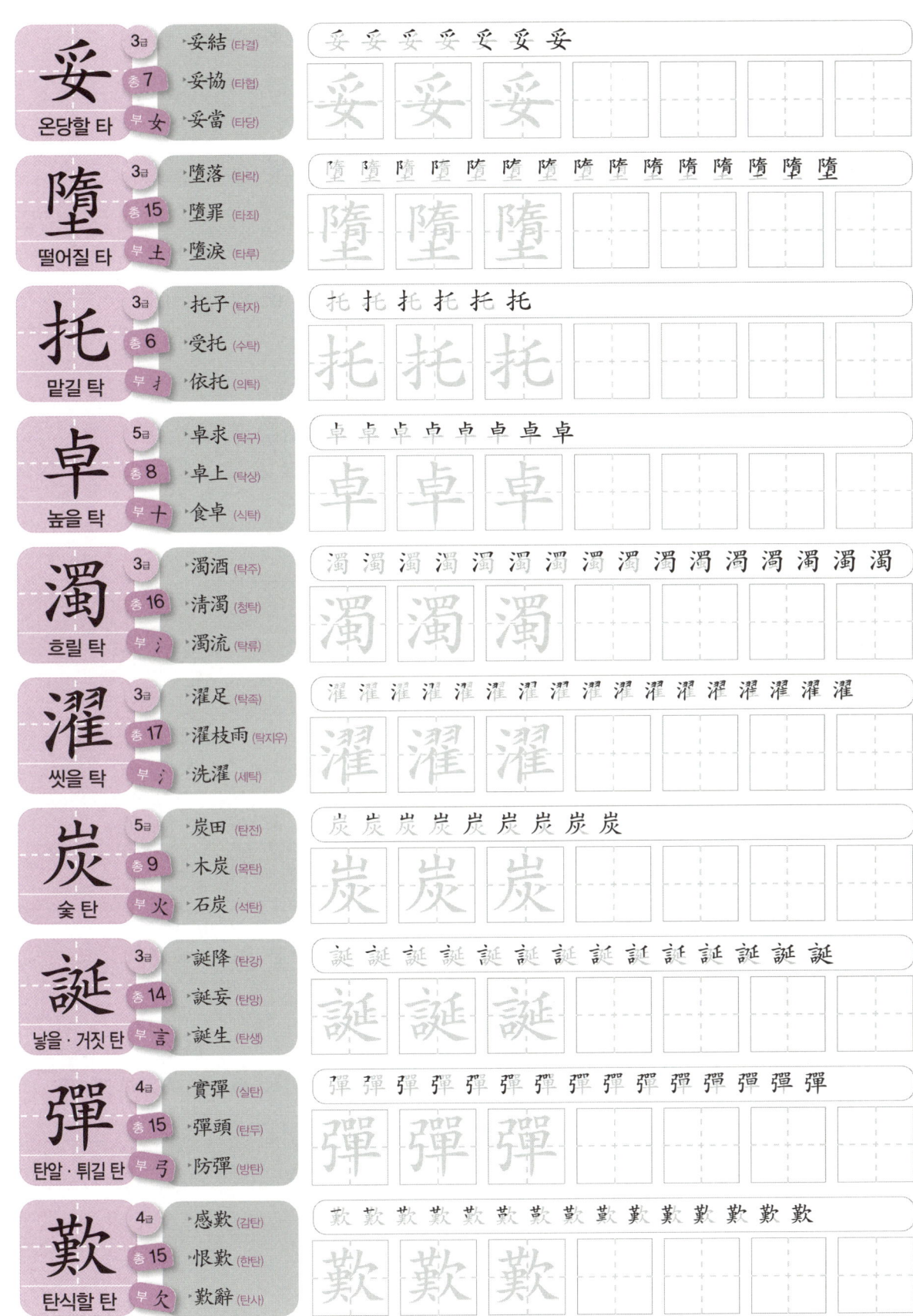

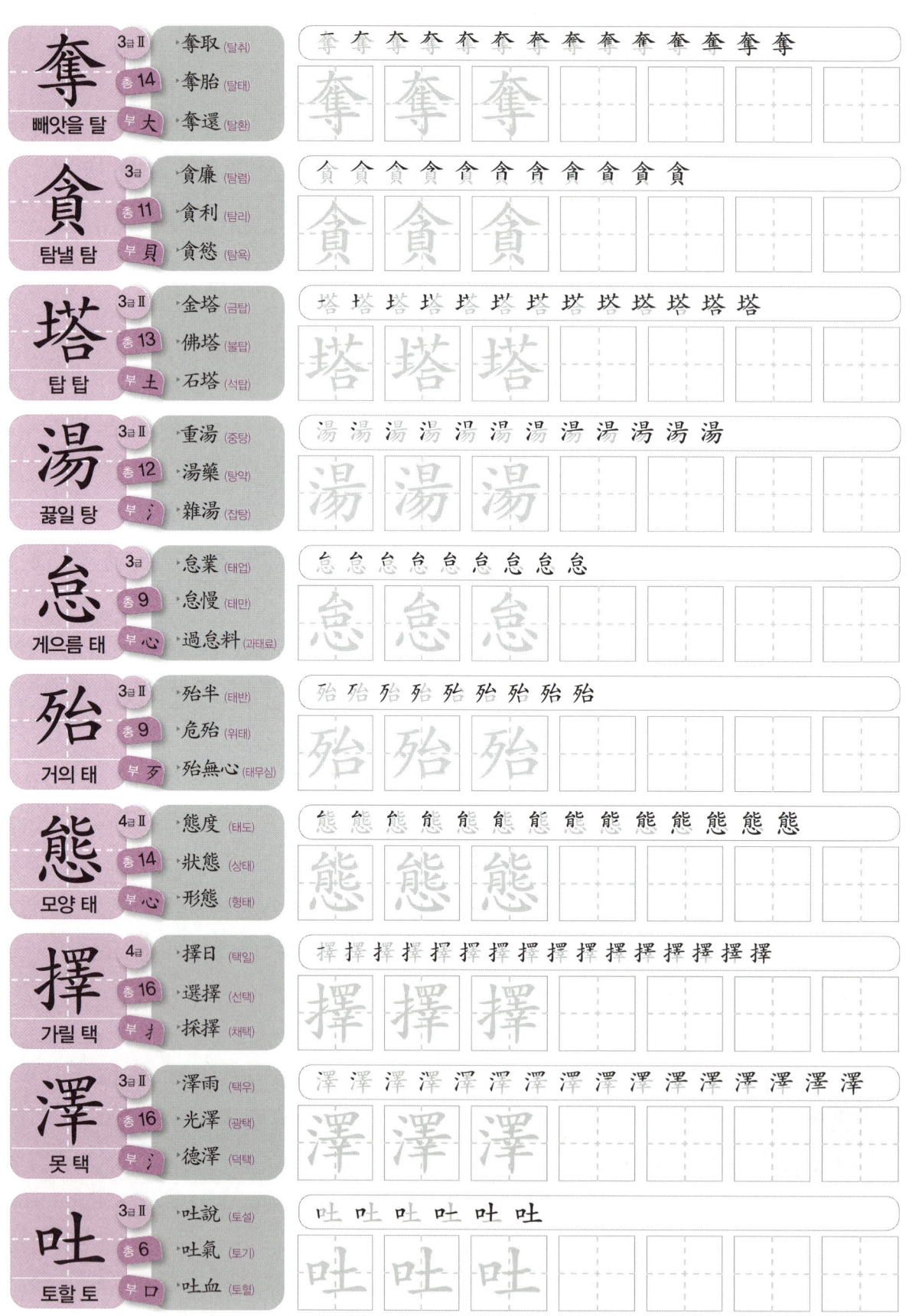

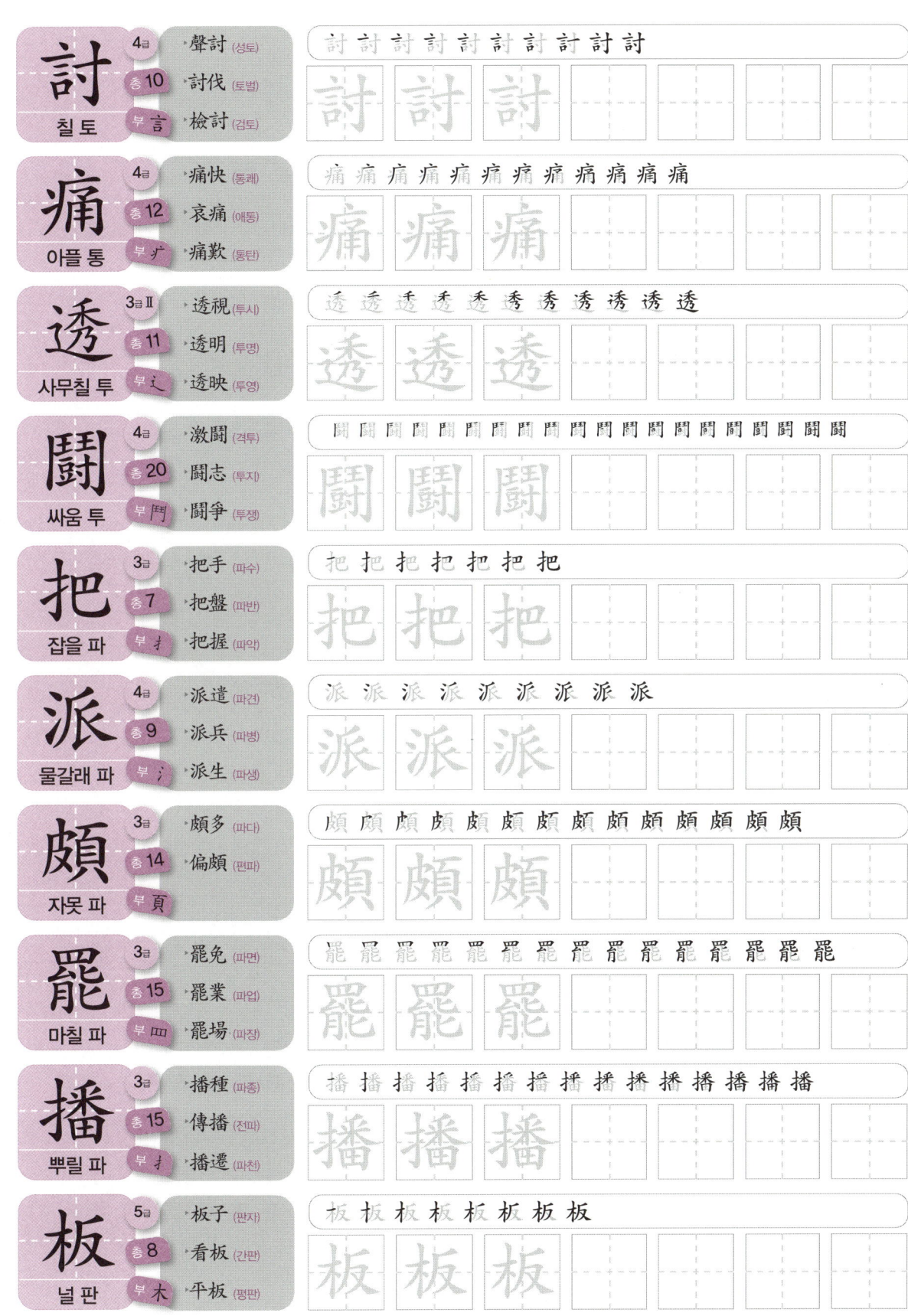

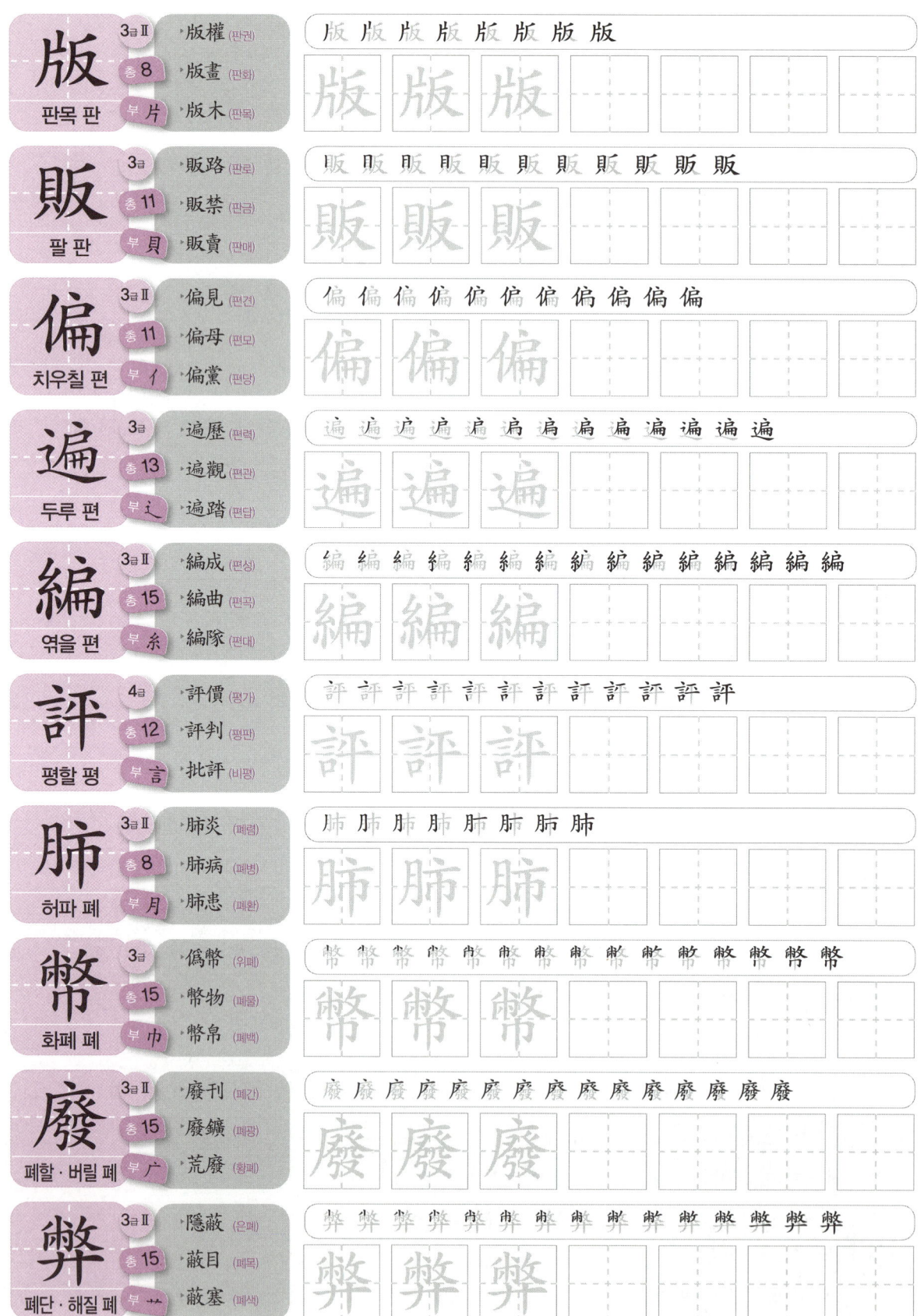

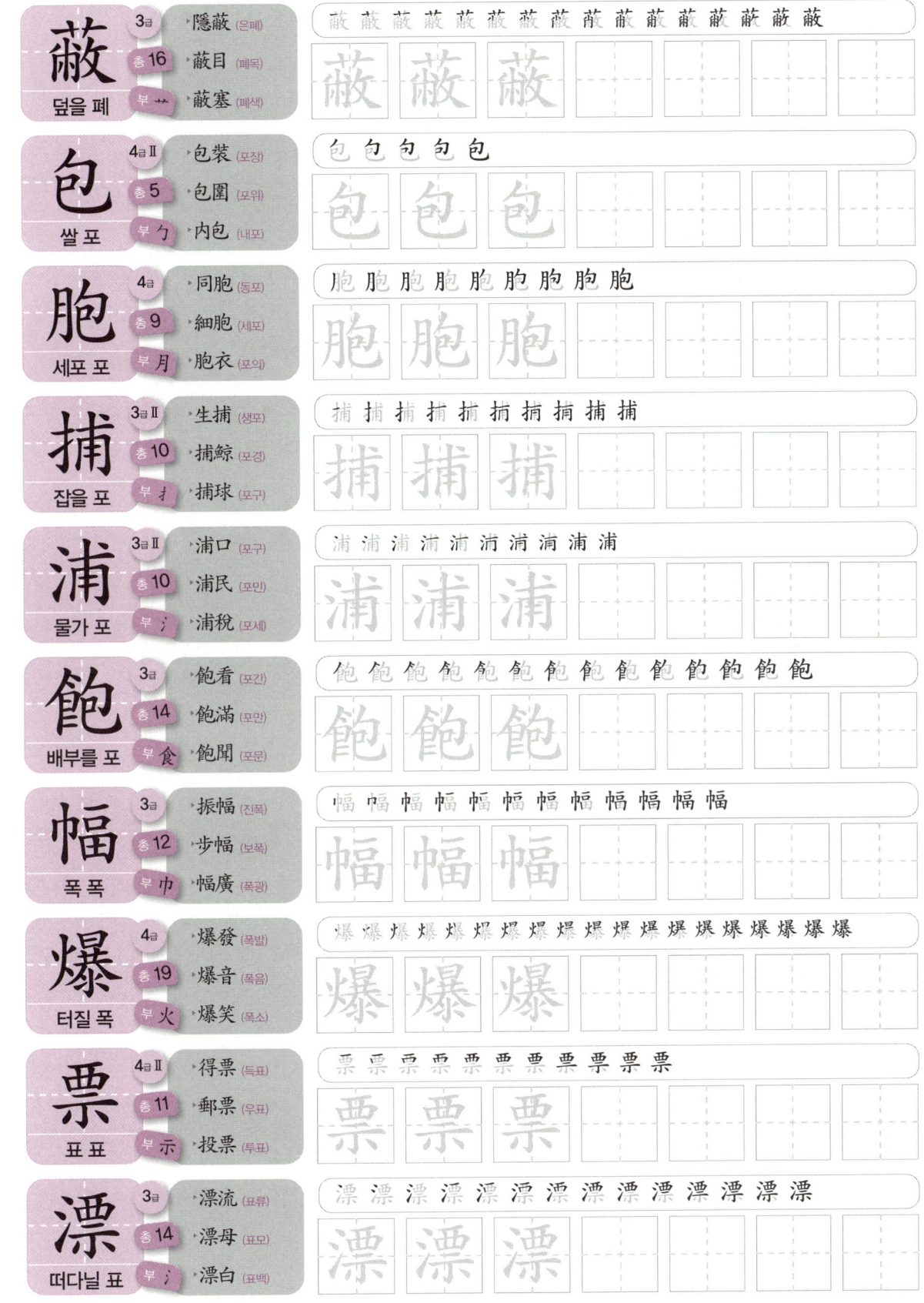

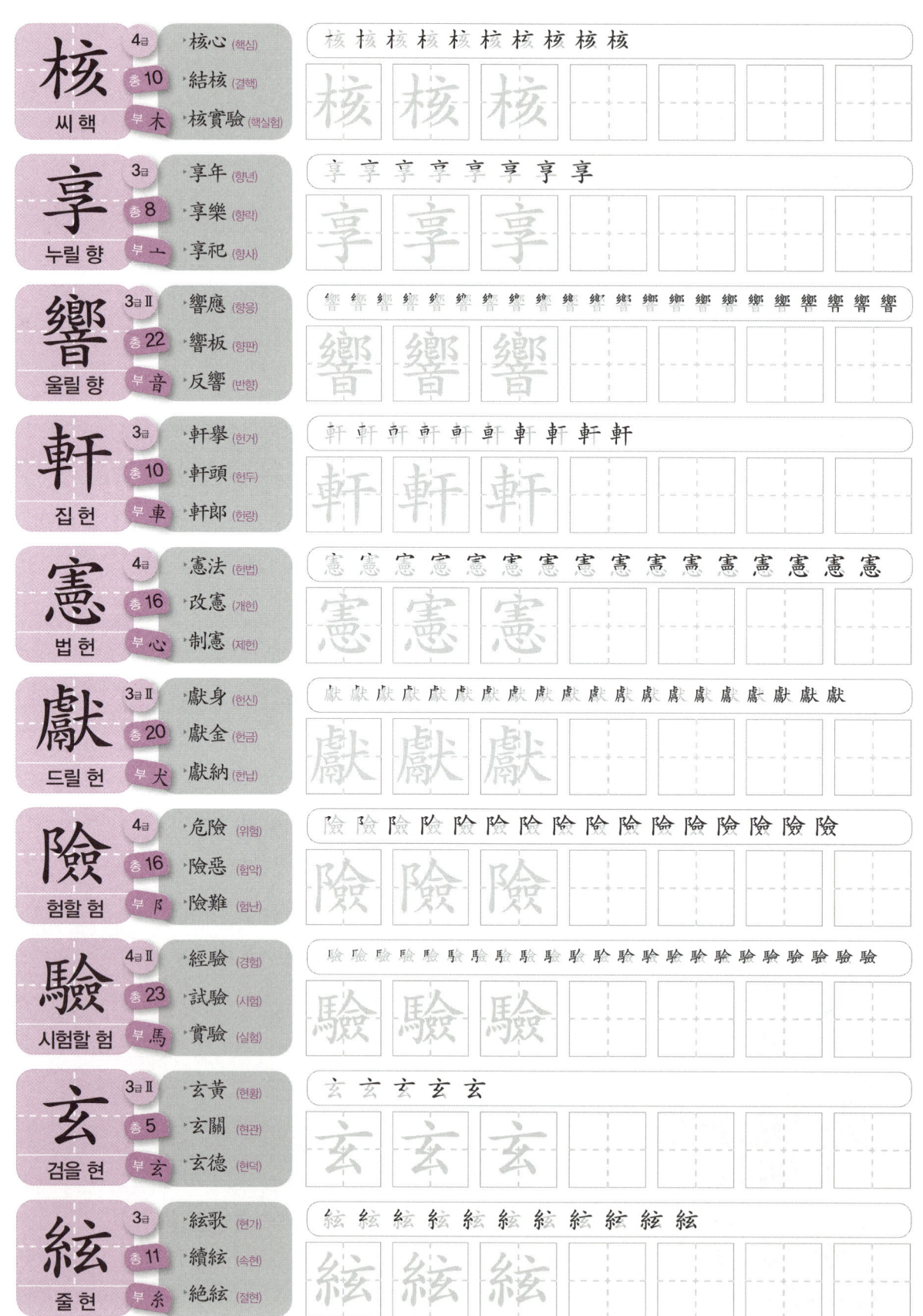

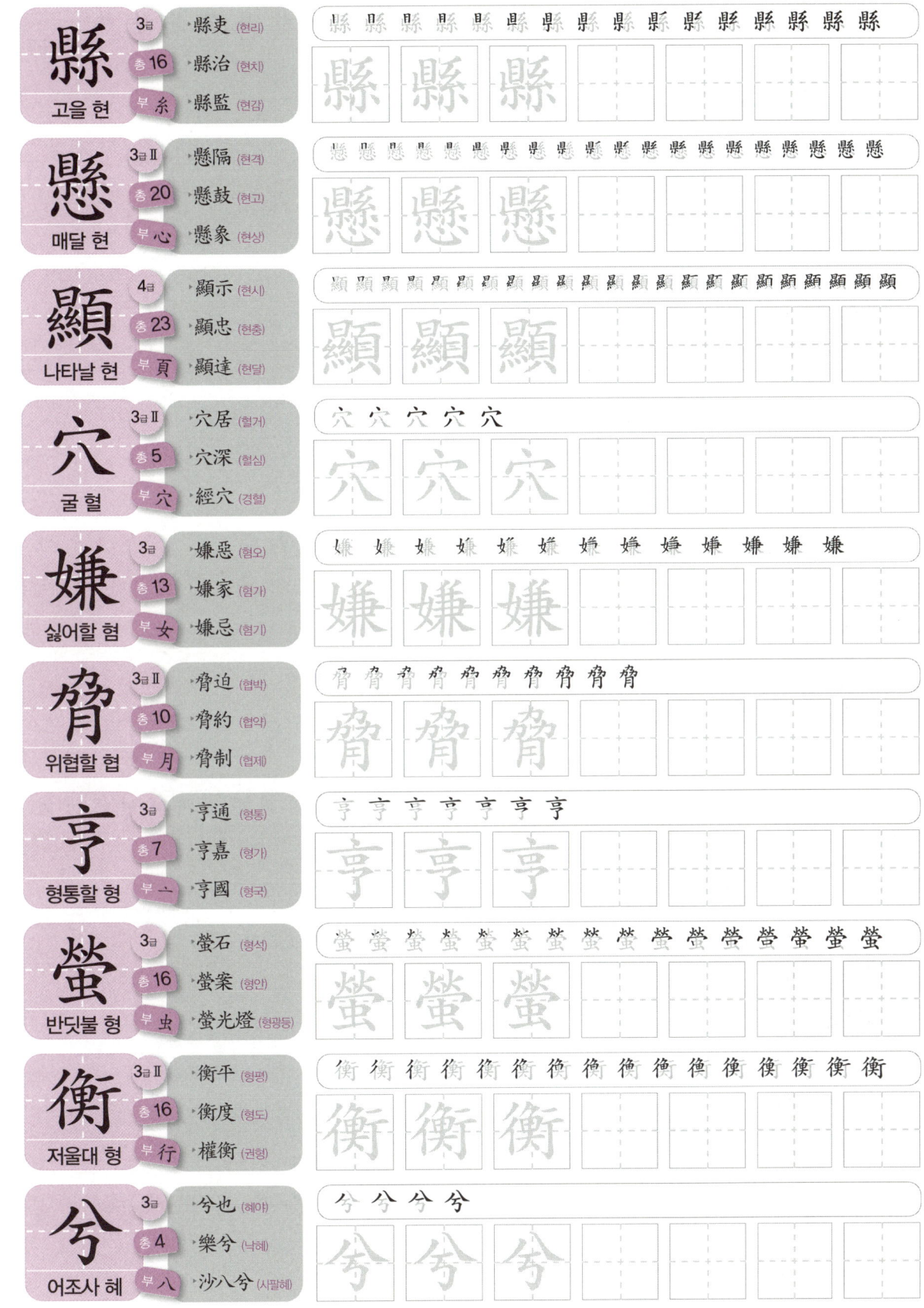

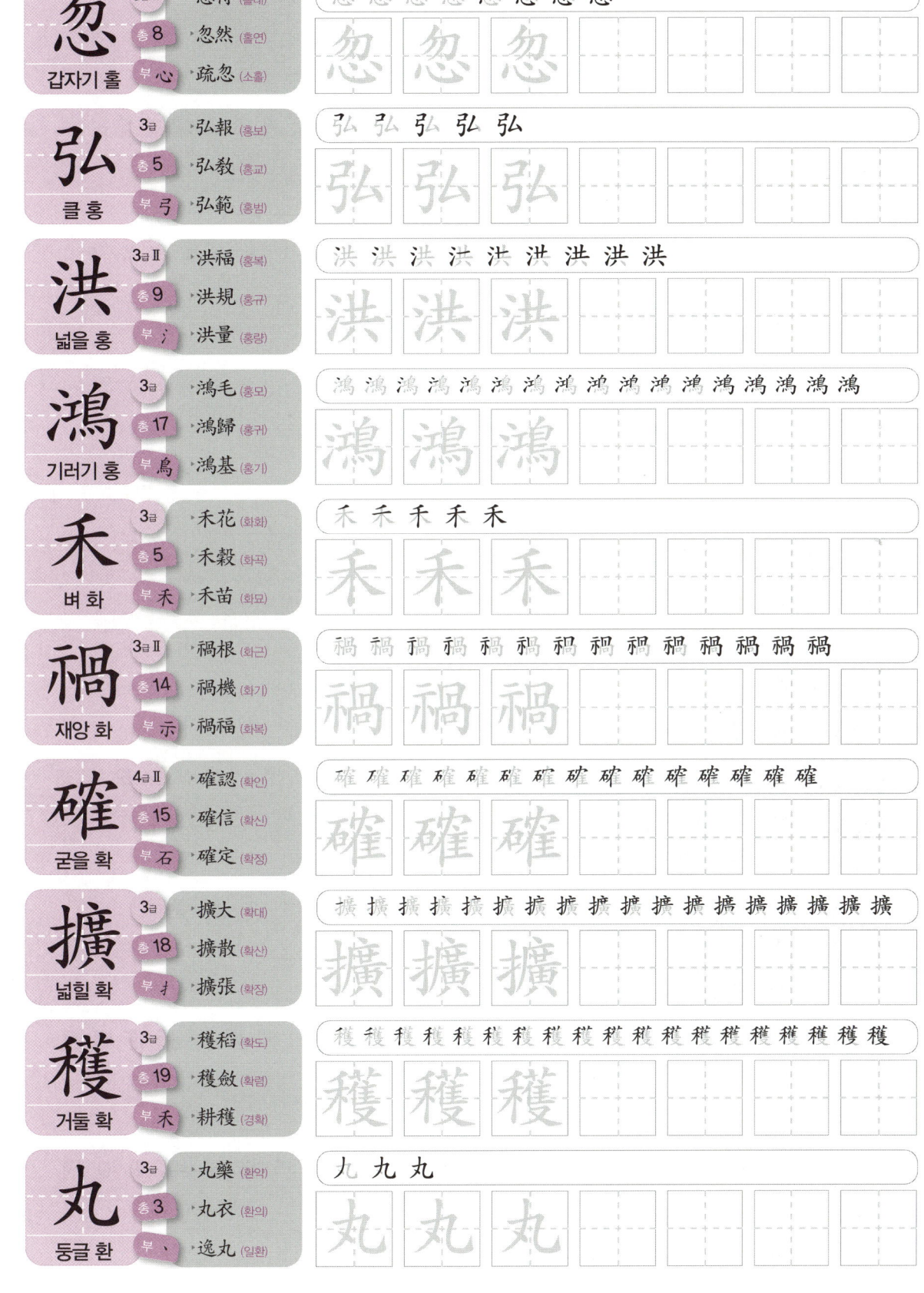

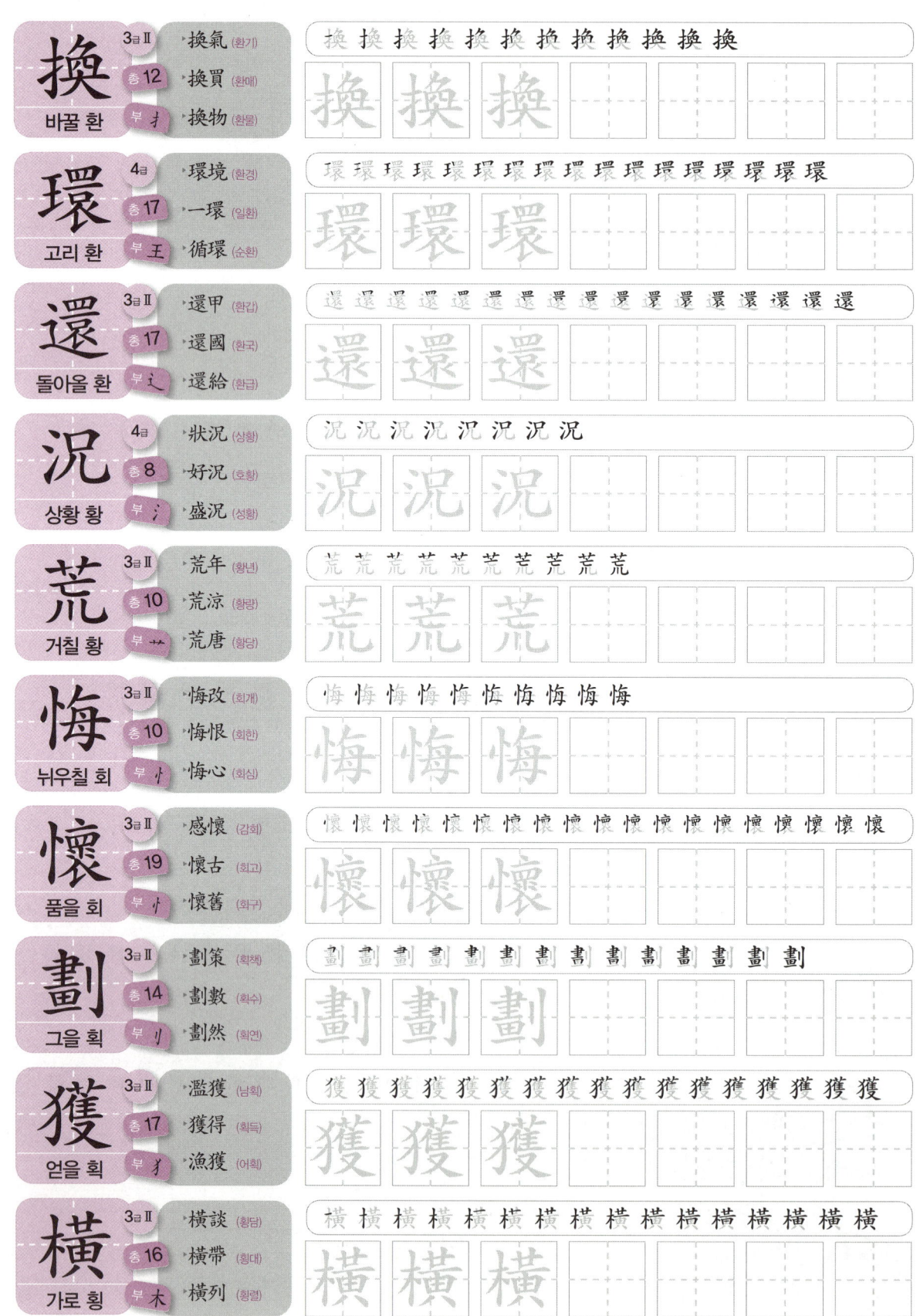

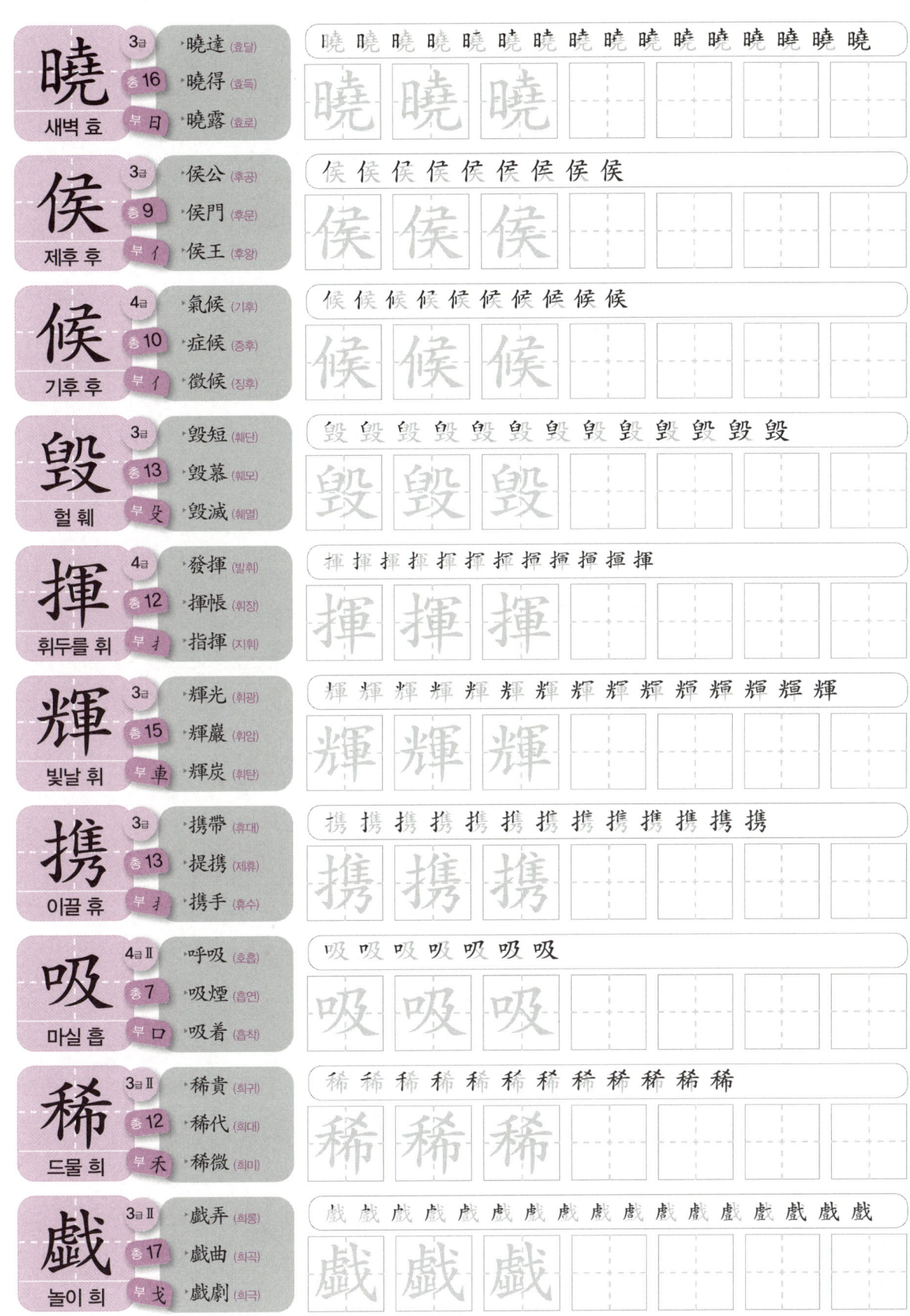

사자성어

街談巷說 (가담항설)
길거리나 마을에 떠도는 이야기로서 근거 없이 나도는 말들을 뜻함.
街(거리 가) 談(말씀 담) 巷(거리 항) 說(말씀 설)

苛斂誅求 (가렴주구)
관리가 세금 등을 가혹하게 받고 빼앗아 백성을 못살게 구는 가혹한 정치를 말함.
苛(가혹할 가) 斂(거둘 렴) 誅(벨 주) 求(구할 구)

佳人薄命 (가인박명)
여자의 용모가 빼어나고 재주가 많으면 운명이 기구함을 뜻함.
佳(아름다울 가) 人(사람 인) 薄(엷을 박) 命(목숨 명)

刻骨難忘 (각골난망)
깊이 새기어 두고 은혜를 잊지 않음을 뜻함.
刻(새길 각) 骨(뼈 골) 難(어려울 난) 忘(잊을 망)

刻舟求劍 (각주구검)
판단력이 둔하여 시대나 상황의 변화를 모르는 어리석음을 뜻함.
刻(새길 각) 舟(배 주) 求(구할 구) 劍(칼 검)

甘言利說 (감언이설)
남의 비위를 맞추는 달콤한 말과 이로운 조건만 들어 상대방이 듣기 좋게 하는 말을 뜻함.
甘(달 감) 言(말씀 언) 利(이로울 리) 說(말씀 설)

甘吞苦吐 (감탄고토)
사리의 옳고 그름에 관계없이 제 비위에 맞으면 좋아하고 안 맞으면 싫어한다는 말임.
甘(달 감) 吞(삼킬 탄) 苦(쓸 고) 吐(토할 토)

擧案齊眉 (거안제미)
밥상을 눈높이로 받들어 올림을 뜻하는데, 아내가 남편을 극진히 공경함을 가리킴.
擧(들 거) 案(책상 안) 齊(가지런할 제) 眉(눈썹 미)

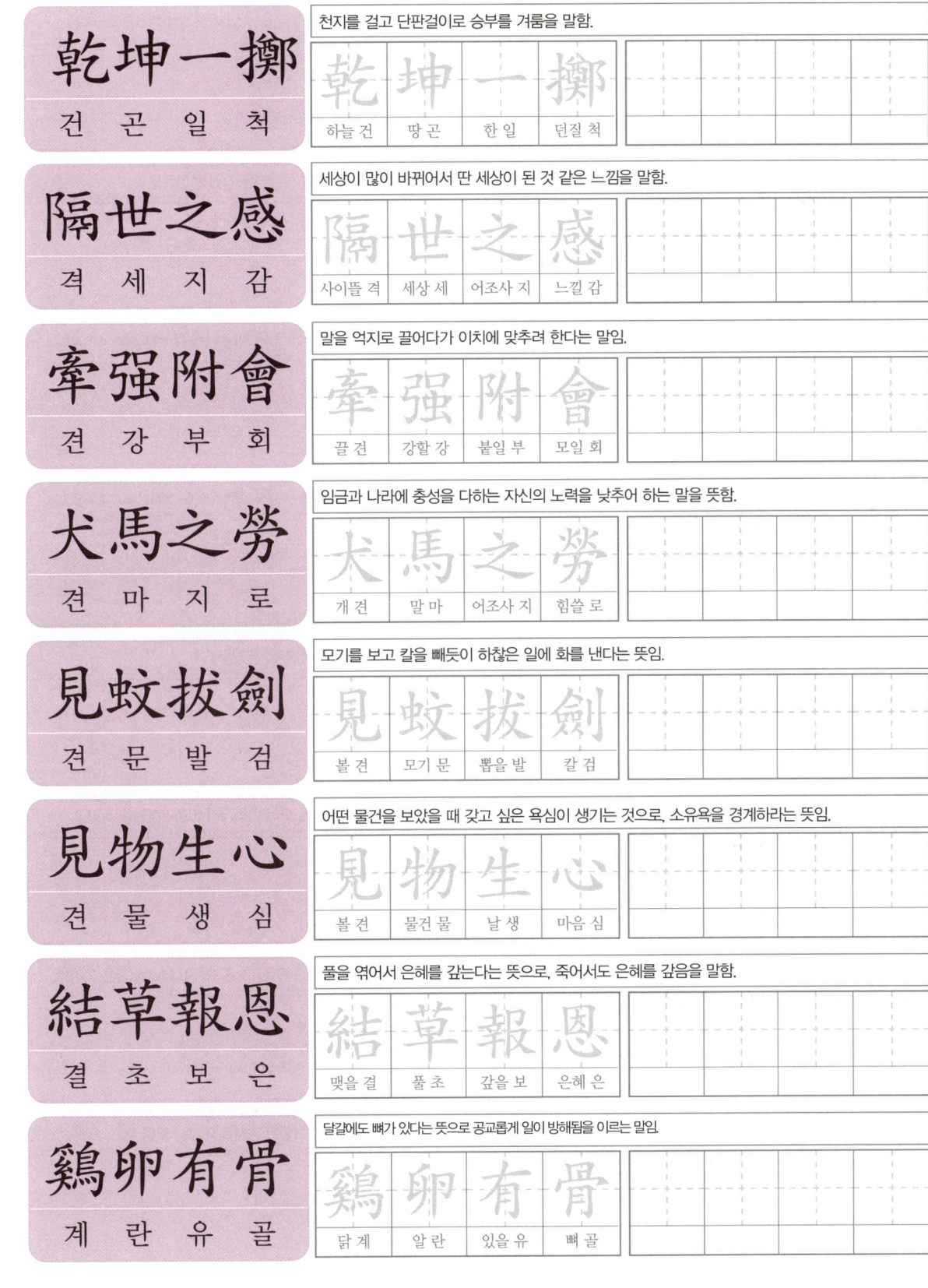

| 孤掌難鳴 | 한쪽 손바닥으로는 소리를 내기가 어렵듯이, 혼자만의 힘으로는 일을 하기가 어려움을 뜻함. |
| 고 장 난 명 | 외로울 고 / 손바닥 장 / 어려울 난 / 울 명 |

| 管鮑之交 | 관중과 포숙아의 우정으로서, 서로에 대한 믿음과 의리가 두터운 사람을 일컬음. |
| 관 포 지 교 | 대롱 관 / 절인물고기 포 / 어조사 지 / 사귈 교 |

| 矯角殺牛 | 뿔을 고치려다 소를 죽인다는 말로, 조그만 결점이나 흠을 고치려다 수단이 지나쳐서 도리어 일을 크게 그르침. |
| 교 각 살 우 | 바로잡을 교 / 뿔 각 / 죽일 살 / 소 우 |

| 錦衣夜行 | 비단옷을 입고 밤길을 가면 남들이 알아주지 않듯이, 출세를 하고 부귀를 차지해도 남들이 알아주지 않으면 쓸데없음을 일컬음. |
| 금 의 야 행 | 비단 금 / 옷 의 / 밤 야 / 행할 행 |

| 難兄難弟 | 두 사람의 능력이 서로 엇비슷하여 그 우열을 가릴 수 없음을 뜻함. |
| 난 형 난 제 | 어려울 난 / 형 형 / 어려울 난 / 아우 제 |

| 男負女戴 | 남자는 지고 여자는 인다는 말로, 가난한 사람이 살길을 찾아 이리저리 떠돌아다님을 의미함. |
| 남 부 여 대 | 남자 남 / 짐질 부 / 여자 녀 / 일 대 |

| 囊中之錐 | 주머니속의 송곳이란 말로, 유능한 사람은 숨어 있어도 자연히 그 존재가 드러나게 됨을 의미함. |
| 낭 중 지 추 | 주머니 낭 / 가운데 중 / 어조사 지 / 송곳 추 |

| 累卵之危 | 알을 쌓아 놓은 듯이 조금만 건드려도 쓰러질 것 같은 위험한 상태를 이르는 말임. |
| 누 란 지 위 | 쌓일 누 / 알 란 / 어조사 지 / 위태할 위 |

사자성어	뜻
簞食瓢飲 (단사표음)	도시락밥과 표주박 물이라는 뜻으로, 소박하고 청빈한 생활을 뜻함.
螳螂拒轍 (당랑거철)	자기 힘은 생각지도 않고 무모하게 대항함을 비유한 말임.
塗炭之苦 (도탄지고)	진흙구덩이나 숯불 속에 떨어진 것 같은 괴로움을 나타내는 뜻으로, 생활이 몹시 곤란함을 말함.
凍足放尿 (동족방뇨)	언 발에 오줌 누기라는 뜻으로, 한때 도움이 될 뿐 곧이어 효력이 없어져 더 악화되는 일을 말함.
馬耳東風 (마이동풍)	남의 말을 전혀 귀담아 듣지 아니함을 비유한 말임.
亡羊補牢 (망양보뢰)	양을 잃고 우리를 고친다는 말로서, 일을 그르친 후에 뉘우쳐도 소용없음을 나타냄.
目不忍見 (목불인견)	몹시 딱하거나 참혹하거나 처참하여 차마 눈뜨고 볼 수 없음을 나타낸 말임.
門前成市 (문전성시)	권세가나 부잣집에 방문객이 많아 문 앞이 시장을 이루다시피 붐빔을 뜻함.

| 殺身成仁 | 올바른 일을 위해 자신을 희생함을 뜻함. |
| 살신성인 | 죽일 살 / 몸 신 / 이룰 성 / 어질 인 |

| 三顧草廬 | 유비가 제갈공명을 성심을 다해 청하듯이, 인재를 얻기 위해 수고를 아끼지 않음을 뜻함. |
| 삼고초려 | 석 삼 / 돌아볼 고 / 풀 초 / 농막집 려 |

| 三人成虎 | 근거 없는 말이라도 여러 사람에게 듣게 되면 진실로 여겨짐을 뜻함. |
| 삼인성호 | 석 삼 / 사람 인 / 이룰 성 / 범 호 |

| 桑田碧海 | 뽕밭이 바다가 된다는 말이니, 세상의 변화가 심하거나 덧없음을 뜻함. |
| 상전벽해 | 뽕나무 상 / 밭 전 / 푸를 벽 / 바다 해 |

| 塞翁之馬 | 인생의 길흉화복은 일정하지 않아 예측할 수 없으니 재앙도 슬퍼할 게 못되고 복도 기뻐할 게 없음을 뜻함. |
| 새옹지마 | 변방 새 / 늙은이 옹 / 어조사 지 / 말 마 |

| 雪上加霜 | 눈 위에 서리가 덮인다는 뜻으로, 난처한 일이나 불행이 잇달아 일어난다는 말임. |
| 설상가상 | 눈 설 / 윗 상 / 더할 가 / 서리 상 |

| 束手無策 | 어찌할 도리가 없어 손을 묶은 듯이 꼼짝 못하는 것을 뜻함. |
| 속수무책 | 묶을 속 / 손 수 / 없을 무 / 꾀 책 |

| 首丘初心 | 여우가 죽을 때 자기가 살던 굴 쪽으로 머리를 두고 죽는다는 것으로, 고향을 그리워하는 마음을 일컬음. |
| 수구초심 | 머리 수 / 언덕 구 / 처음 초 / 마음 심 |

| 水魚之交 | 물과 물고기의 관계처럼 군신 사이의 친밀한 관계, 변하지 않는 깊은 우정을 뜻함. |
| 수 어 지 교 | 水(물 수) 魚(물고기 어) 之(어조사 지) 交(사귈 교) |

| 識字憂患 | 학식이 있으므로 도리어 근심을 얻게 됨을 가리킴. |
| 식 자 우 환 | 識(알 식) 字(글자 자) 憂(근심 우) 患(근심 환) |

| 十匙一飯 | 여러 사람이 힘을 합하여 한 사람을 돕는 일은 쉽다는 뜻임. |
| 십 시 일 반 | 十(열 십) 匙(숟가락 시) 一(한 일) 飯(밥 반) |

| 阿鼻叫喚 | 계속되는 심한 고통으로 울부짖는 참상(慘狀)을 형용하는 말임. |
| 아 비 규 환 | 阿(언덕 아) 鼻(코 비) 叫(부르짖을 규) 喚(부를 환) |

| 我田引水 | 자기 논에 물을 댄다는 뜻으로, 자기에게만 이롭게 되도록 생각하거나 행동함을 뜻함. |
| 아 전 인 수 | 我(나 아) 田(밭 전) 引(끌 인) 水(물 수) |

| 藥房甘草 | 남의 일에 자주 끼어들고 참견하는 사람이나 여러 방면에 두루 사용되는 사람을 말함. |
| 약 방 감 초 | 藥(약 약) 房(방 방) 甘(달 감) 草(풀 초) |

| 羊頭狗肉 | 양의 머리를 걸어 놓고 개고기를 판다는 뜻으로, 겉은 훌륭하게 보이나 속은 변변치 아니함을 뜻함. |
| 양 두 구 육 | 羊(양 양) 頭(머리 두) 狗(개 구) 肉(고기 육) |

| 梁上君子 | 도둑을 점잖게 이르는 말임. |
| 양 상 군 자 | 梁(들보 량) 上(윗 상) 君(임금 군) 子(아들 자) |

사자성어	뜻
養虎遺患 (양호유환)	호랑이를 길러 근심을 남기듯, 화근이 될만한 일을 내버려두어 크게 함을 뜻함.
기를 양 / 범 호 / 남길 유 / 근심 환	
漁父之利 (어부지리)	둘이 다투고 있는 동안 제 3자가 취하는 이익을 가리킴.
고기잡을 어 / 아버지 부 / 어조사 지 / 이로울 리	
言中有骨 (언중유골)	예사로운 말속에 깊은 속뜻이 들어 있음을 의미함.
말씀 언 / 가운데 중 / 있을 유 / 뼈 골	
緣木求魚 (연목구어)	나무에 올라가서 물고기를 구한다는 말로, 불가능한 일을 억지로 하려고 함을 뜻함.
인연 연 / 나무 목 / 구할 구 / 물고기 어	
五里霧中 (오리무중)	무슨 일에 대하여 방향이나 갈피를 잡을 수 없는 상태를 가리킴.
다섯 오 / 마을 리 / 안개 무 / 가운데 중	
烏飛梨落 (오비이락)	까마귀 날자 배 떨어진다는 뜻으로, 공교롭게도 같은 때에 일이 생겨서 남에게 의심받게 됨을 의미함.
까마귀 오 / 날 비 / 배나무 리 / 떨어질 락	
吳越同舟 (오월동주)	오나라 사람과 월나라 사람이 한 배에 타고 있다라는 뜻으로, 뜻이 다른 사람들이 한자리에 있게 됨
오나라 오 / 월나라 월 / 같을 동 / 배 주	
烏合之卒 (오합지졸)	제대로 훈련도 하지 않은 어중이떠중이의 보잘 것 없는 군사를 가리킴.
까마귀 오 / 합할 합 / 갈 지 / 마칠 졸	

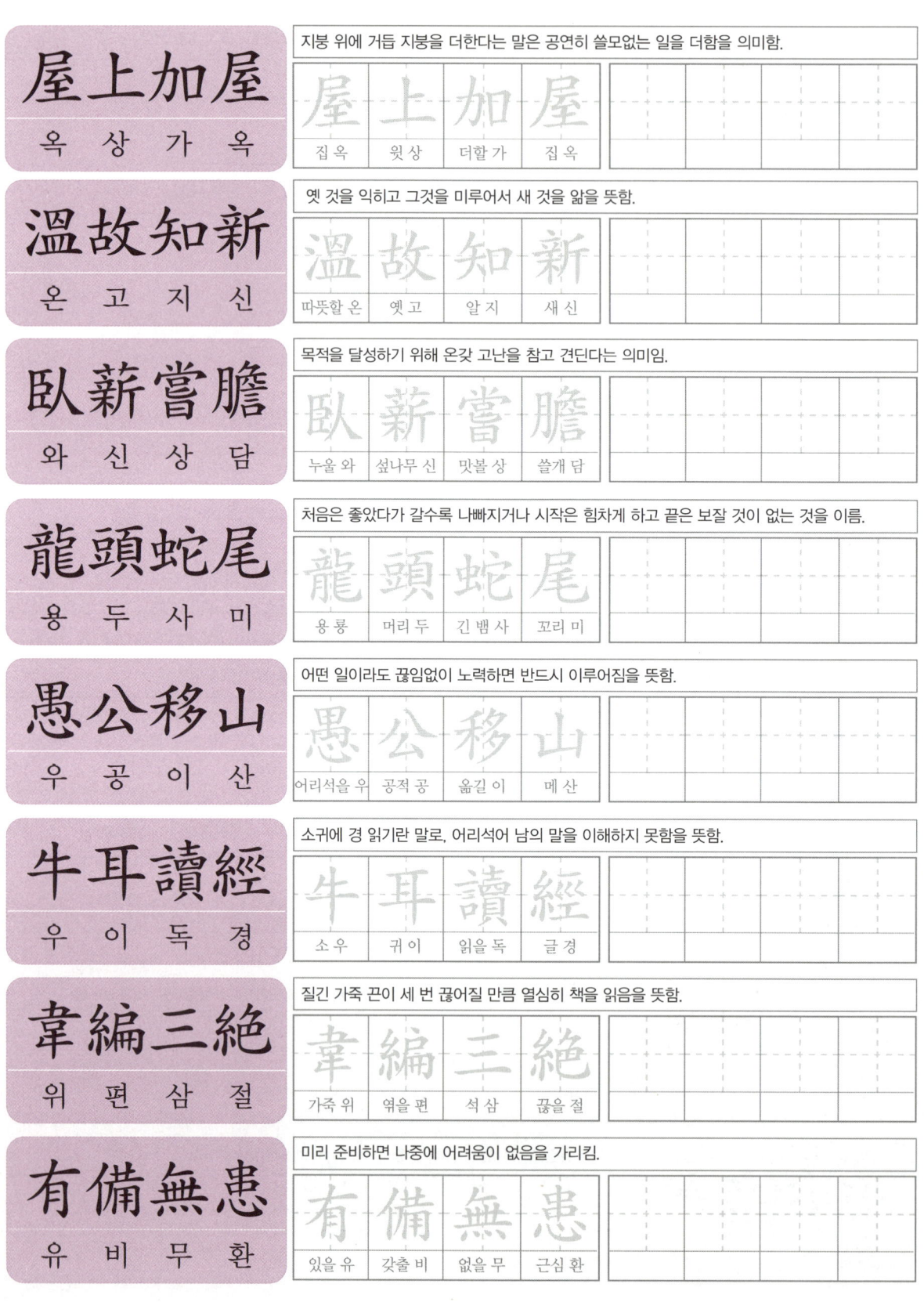

사자성어	뜻	한자
唯我獨尊 (유아독존)	이 세상에서 오직 자기만이 잘났다고 뽐내는 일을 이르는 말임.	唯(오직 유) 我(나 아) 獨(홀로 독) 尊(높을 존)
類類相從 (유유상종)	같은 무리끼리 서로 내왕하며 사귀는 것을 뜻함.	類(무리 류) 類(무리 류) 相(서로 상) 從(따를 종)
泣斬馬謖 (읍참마속)	대의(大義)를 위하여 아끼는 사람을 버린다는 뜻임.	泣(울 읍) 斬(벨 참) 馬(말 마) 謖(일어날 속)
異口同聲 (이구동성)	여러 사람의 말이 한결같거나 여러 사람이 똑같이 말하는 것을 뜻함.	異(다를 이) 口(입 구) 同(같을 동) 聲(소리 성)
因果應報 (인과응보)	원인이 있으면 결과가 있음을 뜻함.	因(원인 인) 果(열매 과) 應(응할 응) 報(갚을 보)
人面獸心 (인면수심)	은혜를 모르거나 인정이 없는 사람을 욕하여 부르는 말로 쓰임.	人(사람 인) 面(낯 면) 獸(짐승 수) 心(마음 심)
一網打盡 (일망타진)	한꺼번에 모조리 다 잡음을 의미함.	一(한 일) 網(그물 망) 打(칠 타) 盡(다할 진)
一石二鳥 (일석이조)	한 가지 일로 두 가지 이익을 얻는다는 것임.	一(한 일) 石(돌 석) 二(두 이) 鳥(새 조)

一魚濁水 일어탁수	한 사람의 잘못으로 여러 사람이 그 해를 받게 됨을 뜻함. 한 일 / 물고기 어 / 흐릴 탁 / 물 수
一葉知秋 일엽지추	사소한 한 가지 일로써 큰일을 미루어 짐작할 수 있음을 뜻함. 한 일 / 잎 엽 / 알 지 / 가을 추
一場春夢 일장춘몽	부귀영화의 덧없음을 비유한 말임. 한 일 / 마당 장 / 봄 춘 / 꿈 몽
一觸卽發 일촉즉발	조금 건드리기만 하여도 곧 폭발할 것 같은 몹시 위험한 상태를 일컬음. 한 일 / 닿을 촉 / 곧 즉 / 필 발
日就月將 일취월장	날로 달로 진보함을 의미함. 날 일 / 이룰 취 / 달 월 / 장차 장
一片丹心 일편단심	변치 않는 한 조각 붉은 마음이란 말로, 참된 충성이나 정성을 뜻함. 한 일 / 조각 편 / 붉을 단 / 마음 심
立身揚名 입신양명	학문연마를 통해 자신의 몸을 수양하고 세상에 나아가 출세를 하여 이름을 날리는 것을 말함. 설 립 / 몸 신 / 날릴 양 / 이름 명
自家撞着 자가당착	스스로 한 말이나 행동이 이치에 맞지 않고 모순되는 경우를 일컬음. 스스로 자 / 집 가 / 칠 당 / 붙을 착

轉禍爲福 전화위복	재앙을 바꾸어 복으로 만든다는 의미임. 구를 전 / 재앙 화 / 할 위 / 복 복
漸入佳境 점입가경	문장, 예술작품, 경치가 갈수록 멋지고 아름답거나 어떤 상태가 더욱 확대된 모양을 일컬음. 점점 점 / 들 입 / 아름다울 가 / 지경 경
頂門一鍼 정문일침	정신을 차리도록 하는 따끔한 한 마디의 충고를 일컬음. 정수리 정 / 문 문 / 한 일 / 침 침
井中之蛙 정중지와	우물 안의 개구리란 말로, 식견이 좁은 사람을 일컬음. 우물 정 / 가운데 중 / 갈 지 / 개구리 와
朝令暮改 조령모개	아침에 내린 법령이 저녁에 다시 바뀐다는 말로, 상부에서 내린 법령이 일관성 없이 자주 바뀜을 비난하는 말임. 아침 조 / 하여금 령 / 저물 모 / 고칠 개
朝三暮四 조삼모사	간사한 잔꾀로 남을 속이거나 눈앞에 보이는 차이만 알고 결과가 같음을 모르는 어리석음을 뜻함. 아침 조 / 석 삼 / 저물 모 / 넉 사
種豆得豆 종두득두	콩을 심어 콩을 거둔다는 말로, 원인에 따라 그에 맞는 결과가 생김을 일컬음. 씨 종 / 콩 두 / 얻을 득 / 콩 두
左之右之 좌지우지	사람이 어떤 일이나 대상을 제 마음대로 처리하거나 다루는 것을 말함. 왼 좌 / 어조사 지 / 오른 우 / 어조사 지

사자성어	뜻
晝耕夜讀 (주경야독)	어려운 여건 속에서도 꿋꿋이 공부함을 비유하는 말임.
走馬看山 (주마간산)	달리는 말 위에서 산을 구경하듯, 사물의 겉만 대강 보고 지나감을 뜻함.
竹馬故友 (죽마고우)	어렸을 때부터 사귄 친구를 뜻함.
指鹿爲馬 (지록위마)	간사한 꾀로써 윗사람을 농락하고 아랫사람을 겁주어 멋대로 권세를 부림을 뜻함.
進退兩難 (진퇴양난)	이러기도 저러기도 어려워 입장이 곤란한 것을 뜻함.
滄海一粟 (창해일속)	넓은 바다에 한 톨의 좁쌀이란 말로, 아주 큰 것 중에 아주 작은 것 또는 천지 사이에 있는 인간의 존재가 하찮음을 뜻함.
天高馬肥 (천고마비)	하늘은 높고 말은 살찐다는 뜻으로, 가을날의 맑고 풍성한 정경을 뜻함.
天方地軸 (천방지축)	가벼운 사람이 덤벙대는 모습이거나 몹시 급하여 방향을 모르고 함부로 날뛰는 모양을 말함.

- 晝(낮 주) 耕(밭갈 경) 夜(밤 야) 讀(읽을 독)
- 走(달릴 주) 馬(말 마) 看(볼 간) 山(메 산)
- 竹(대 죽) 馬(말 마) 故(옛 고) 友(벗 우)
- 指(가리킬 지) 鹿(사슴 록) 爲(할 위) 馬(말 마)
- 進(나아갈 진) 退(물러날 퇴) 兩(두 량) 難(어려울 난)
- 滄(푸를 창) 海(바다 해) 一(한 일) 粟(조 속)
- 天(하늘 천) 高(높을 고) 馬(말 마) 肥(살찔 비)
- 天(하늘 천) 方(모 방) 地(땅 지) 軸(굴대 축)

匹夫匹婦 필부필부	한 사람의 남자와 한 사람의 여자라는 뜻으로, 평범한 남녀를 일컬음.
	匹(짝 필) 夫(사내 부) 匹(짝 필) 婦(며느리 부)

鶴首苦待 학수고대	학처럼 목을 길게 빼고 애타게 기다린다는 말로, 사람이나 어떤 상황을 애태우며 기다린다는 것을 뜻함.
	鶴(학 학) 首(머리 수) 苦(쓸 고) 待(기다릴 대)

邯鄲之夢 한단지몽	인생과 부귀영화가 한바탕의 꿈과 같이 허무하다는 것을 뜻함.
	邯(서울 한) 鄲(홀 단) 之(어조사 지) 夢(꿈 몽)

汗牛充棟 한우충동	수레에 실으면 소가 땀을 흘리고, 집안에 쌓으면 마룻대까지 채울 만큼 책이 많음을 가리키는 말임.
	汗(땀 한) 牛(소 우) 充(채울 충) 棟(마룻대 동)

偕老同穴 해로동혈	살아서는 같이 늙고 죽어서는 한 무덤에 묻힌다는 뜻으로, 생사를 같이하는 부부를 말함.
	偕(함께 해) 老(늙을 로) 同(같을 동) 穴(구멍 혈)

螢雪之功 형설지공	반딧불과 눈으로 쌓은 공이란 뜻으로, 어려운 처지에서도 학문에 힘써 이룬 공을 말함.
	螢(반딧불 형) 雪(눈 설) 之(어조사 지) 功(공 공)

狐假虎威 호가호위	여우가 호랑이의 힘을 빌려 뽐내듯, 강한 자의 위세를 빌어 약한 자에게 군림함을 뜻함.
	狐(여우 호) 假(거짓 가) 虎(범 호) 威(위엄 위)

糊口之策 호구지책	겨우 끼니를 이어가기 위한 방책을 뜻함.
	糊(풀 호) 口(입 구) 之(어조사 지) 策(꾀 책)

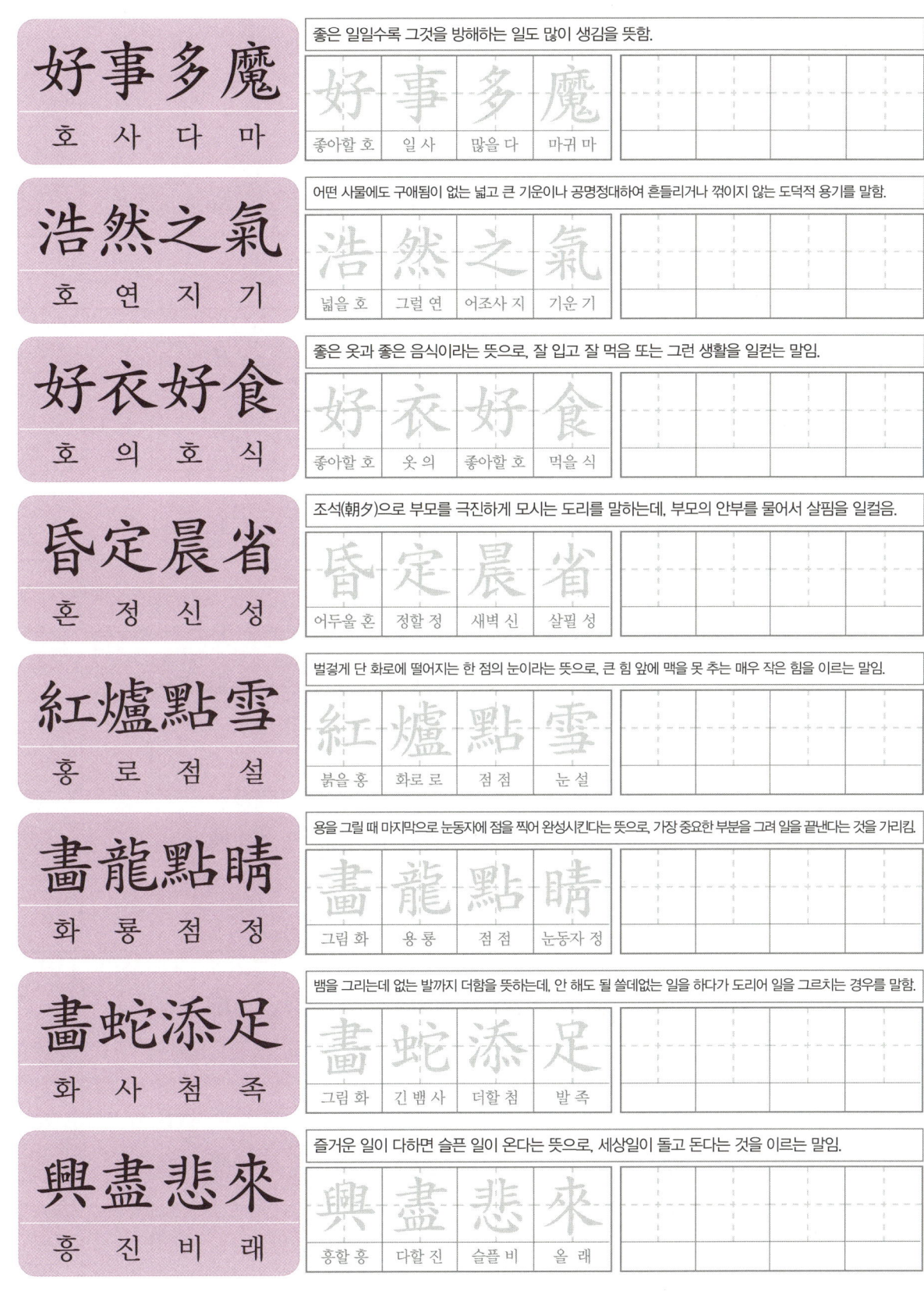

유의자

- 家 집 가 — 屋 집 옥

  家屋

- 却 물리칠 각 — 斥 물리칠 척

  却斥

- 可 옳을 가 — 義 옳을 의

  可義

- 間 사이 간 — 隔 사이뜰 격

  間隔

- 加 더할 가 — 益 더할 익

  加益

- 干 방패 간 — 盾 방패 순

  干盾

- 價 값 가 — 値 값 치

  價値

- 看 볼 간 — 覽 볼 람

  看覽

- 歌 노래 가 — 謠 노래 요

  歌謠

- 幹 줄기 간 — 脈 줄기 맥

  幹脈

- 街 거리 가 — 道 길 도

  街道

- 簡 간략할 간 — 略 간략할 략

  簡略

- 假 거짓 가 — 僞 거짓 위

  假僞

- 減 덜 감 — 縮 줄일 축

  減縮

- 覺 깨달을 각 — 悟 깨달을 오

  覺悟

- 感 느낄 감 — 覺 깨달을 각

  感覺

- 鑑 거울 감 — 鏡 거울 경
- 蓋 덮을 개 — 覆 덮을 부
- 剛 굳셀 강 — 健 굳셀 건
- 慨 슬퍼할 개 — 悼 슬퍼할 도
- 康 편안 강 — 寧 편안 녕
- 客 손 객 — 賓 손 빈
- 介 낄 개 — 擁 낄 옹
- 更 다시 갱 — 復 다시 부
- 改 고칠 개 — 更 고칠 경
- 拒 막을 거 — 絶 끊을 절
- 皆 다 개 — 總 다 총
- 居 살 거 — 住 살 주
- 個 낱 개 — 枚 낱 매
- 巨 클 거 — 大 큰 대
- 開 열 개 — 啓 열 계
- 車 수레 거 — 輛 수레 량

- 擧 들 거 — 揭 높이들 게
- 乾 하늘 건 — 旻 하늘 민
- 建 세울 건 — 設 베풀 설
- 健 굳셀 건 — 康 편안 강
- 劍 칼 검 — 刀 칼 도
- 檢 검사할 검 — 査 조사할 사
- 牽 끌 견 — 引 끌 인
- 堅 굳을 견 — 固 굳을 고
- 犬 개 견 — 狗 개 구
- 遣 보낼 견 — 送 보낼 송
- 絹 비단 견 — 錦 비단 금
- 結 맺을 결 — 約 맺을 약
- 潔 깨끗할 결 — 淨 깨끗할 정
- 庚 별 경 — 辰 별 신
- 卿 벼슬 경 — 尉 벼슬 위
- 硬 굳을 경 — 確 굳을 확

·敬 공경 경 — 欽 공경할 흠	·戒 경계할 계 — 儆 경계할 경
敬欽	戒儆

·經 지날 경 — 過 지날 과	·溪 시내 계 — 川 내 천
經過	溪川

·競 다툴 경 — 爭 다툴 쟁	·鷄 닭 계 — 酉 닭 유
競爭	鷄酉

·境 지경 경 — 界 지경 계	·古 옛 고 — 舊 옛 구
境界	古舊

·階 섬돌 계 — 層 층 층	·孤 외로울 고 — 獨 홀로 독
階層	孤獨

·繼 이을 계 — 續 이을 속	·考 생각할 고 — 慮 생각할 려
繼續	考慮

·計 셀 계 — 算 셈 산	·谷 골 곡 — 洞 골 동
計算	谷洞

·系 이어맬 계 — 係 맬 계	·哭 울 곡 — 鳴 울 명
系係	哭鳴

125

- 穀 곡식 곡 — 糧 양식 량

  穀糧

- 坤 땅 곤 — 地 땅 지

  坤地

- 空 빌 공 — 虛 빌 허

  空虛

- 恭 공손할 공 — 敬 공경 경

  恭敬

- 貢 바칠 공 — 獻 드릴 헌

  貢獻

- 攻 칠 공 — 擊 칠 격

  攻擊

- 功 공 공 — 勳 공훈

  功勳

- 共 한가지 공 — 同 한가지 동

  共同

- 恐 두려울 공 — 怖 두려워할 포

  恐怖

- 戈 창 과 — 矛 창 모

  戈矛

- 寡 적을 과 — 少 적을 소

  寡少

- 過 지날 과 — 去 갈 거

  過去

- 果 실과 과 — 實 열매 실

  果實

- 觀 볼 관 — 覽 볼 람

  觀覽

- 光 빛 광 — 色 빛 색

  光色

- 愧 부끄러울 괴 — 慙 부끄러울 참

  愧慙

·郊 들 교 — 野 들 야	·群 무리 군 — 衆 무리 중
郊野	群衆

·校 학교 교 — 庠 학교 상	·君 임금 군 — 主 주인 주
校庠	君主

·敎 가르칠 교 — 訓 가르칠 훈	·屈 굽힐 굴 — 折 꺾을 절
敎訓	屈折

·區 구분할 구 — 域 지경 역	·窮 다할 궁 — 極 극할 극
區域	窮極

·具 갖출 구 — 備 갖출 비	·勸 권할 권 — 獎 장려할 장
具備	勸獎

·救 구원할 구 — 濟 건널 제	·閨 안방 규 — 房 방 방
救濟	閨房

·口 입 구 — 舌 혀 설	·規 법 규 — 律 법칙 률
口舌	規律

·購 살 구 — 買 살 매	·均 고를 균 — 等 무리 등
購買	均等

- 極 극할 극 — 端 끝 단

  極端

- 根 뿌리 근 — 源 근원 원

  根源

- 根 뿌리 근 — 本 근본 본

  根本

- 給 줄 급 — 與 더불 여

  給與

- 欺 속일 기 — 詐 속일 사

  欺詐

- 祈 빌 기 — 祝 빌 축

  祈祝

- 豈 어찌 기 — 奈 어찌 내

  豈奈

- 技 재주 기 — 藝 재주 예

  技藝

- 冀 바랄 기 — 望 바랄 망

  冀望

- 飢 주릴 기 — 餓 주릴 아

  飢餓

- 記 기록할 기 — 錄 기록할 록

  記錄

- 寄 부칠 기 — 與 더불 여

  寄與

- 技 재주 기 — 術 재주 술

  技術

- 緊 긴할 긴 — 要 요긴할 요

  緊要

- 娘 계집 낭 — 姬 계집 희

  娘姬

- 年 해 년 — 歲 해 세

  年歲

· 念 생각 념 — 慮 생각 려	· 當 마땅 당 — 宜 마땅 의
念慮	當宜

· 旦 아침 단 — 朝 아침 조	· 道 길 도 — 路 길 로
旦朝	道路

· 但 다만 단 — 只 다만 지	· 盜 도둑 도 — 賊 도둑 적
但只	盜賊

· 團 둥글 단 — 圓 둥글 원	· 到 이를 도 — 着 붙을 착
團圓	到着

· 單 홑 단 — 獨 홀로 독	· 逃 도망할 도 — 避 피할 피
單獨	逃避

· 斷 끊을 단 — 絶 끊을 절	· 到 이를 도 — 達 이를 달
斷絶	到達

· 談 말씀 담 — 話 말씀 화	· 敦 도타울 돈 — 篤 도타울 독
談話	敦篤

· 擔 멜 담 — 荷 멜 하	· 頭 머리 두 — 首 머리 수
擔荷	頭首

· 羅 벌릴 라 — 列 벌릴 렬	· 嶺 고개 령 — 峴 고개 현
羅列	嶺峴
· 朗 밝을 랑 — 亮 밝을 량	· 老 늙을 로 — 耆 늙을 기
朗亮	老耆
· 良 어질 량 — 仁 어질 인	· 祿 녹 록 — 俸 녹 봉
良仁	祿俸
· 麗 고울 려 — 妍 고울 연	· 雷 우레 뢰 — 震 우레 진
麗妍	雷震
· 鍊 쇠불릴 련 — 鍛 쇠불릴 단	· 留 머무를 류 — 駐 머무를 주
鍊鍛	留駐
· 連 이을 련 — 續 이을 속	· 隆 높을 륭 — 盛 성할 성
連續	隆盛
· 憐 가련할 련 — 憫 민망할 민	· 離 떠날 리 — 別 다를 별
憐憫	離別
· 烈 매울 렬 — 辛 매울 신	· 里 마을 리 — 閻 마을 염
烈辛	里閻

·滿 찰 만 — 盈 찰 영	·睦 화목할 목 — 穆 화목할 목
滿盈	睦穆

·末 끝 말 — 端 끝 단	·沒 빠질 몰 — 溺 빠질 닉
末端	沒溺

·麥 보리 맥 — 牟 보리 모	·茂 무성할 무 — 郁 성할 욱
麥牟	茂郁

·孟 맏 맹 — 允 맏 윤	·問 물을 문 — 諮 물을 자
孟允	問諮

·勉 힘쓸 면 — 勵 힘쓸 려	·門 집 문 — 戶 집 호
勉勵	門戶

·模 본뜰 모 — 範 법 범	·文 글월 문 — 章 글 장
模範	文章

·毛 털 모 — 髮 터럭 발	·物 물건 물 — 件 물건 건
毛髮	物件

·沐 머리감을 목 — 浴 목욕할 욕	·美 아름다울 미 — 徽 아름다울 휘
沐浴	美徽

·微 작을 미 — 扁 작을 편	·變 변할 변 — 化 될 화
微扁	變化

·飯 밥 반 — 餐 밥 찬	·保 지킬 보 — 護 도울 호
飯餐	保護

·返 돌이킬 반 — 還 돌아올 환	·報 알릴 보 — 告 고할 고
返還	報告

·芳 꽃다울 방 — 馨 꽃다울 형	·寶 보배 보 — 鈺 보배 옥
芳馨	寶鈺

·傍 곁 방 — 旁 곁 방	·福 복 복 — 祐 복 우
傍旁	福祐

·背 등 배 — 後 뒤 후	·否 아닐 부 — 弗 아닐 불
背後	否弗

·白 흰 백 — 皓 흴 호	·扶 도울 부 — 助 도울 조
白皓	扶助

·法 법 법 — 規 법 규	·副 버금 부 — 次 버금 차
法規	副次

·附 붙을 부 — 屬 붙일 속	·師 스승 사 — 傅 스승 부
附屬	師傅

·紛 어지러울 분 — 紊 어지러울 문	·産 낳을 산 — 娩 낳을 만
紛紊	産娩

·崩 무너질 붕 — 壞 무너질 괴	·殺 죽일 살 — 劉 죽일 류
崩壞	殺劉

·批 비평할 비 — 評 비평할 평	·商 장사 상 — 賈 장사 고
批評	商賈

·毘 도울 비 — 襄 도울 양	·祥 상서 상 — 瑞 상서 서
毘襄	祥瑞

·貧 가난할 빈 — 窮 궁할 궁	·辭 말씀 사 — 說 말씀 설
貧窮	辭說

·士 선비 사 — 彦 선비 언	·思 생각 사 — 念 생각 념
士彦	思念

·寺 절 사 — 刹 절 찰	·事 일 사 — 務 힘쓸 무
寺刹	事務

- 思 생각 사 — 考 생각할 고

  思考

- 旋 돌 선 — 廻 돌 회

  旋廻

- 傷 다칠 상 — 害 해할 해

  傷害

- 船 배 선 — 舶 배 박

  船舶

- 索 노 삭 — 繩 노끈 승

  索繩

- 盛 성할 성 — 旺 왕성할 왕

  盛旺

- 恕 용서할 서 — 赦 용서할 사

  恕赦

- 省 살필 성 — 察 살필 찰

  省察

- 署 마을 서 — 閻 마을 염

  署閻

- 洗 씻을 세 — 濯 씻을 탁

  洗濯

- 書 글 서 — 冊 책 책

  書冊

- 素 본디 소 — 朴 성·순박할 박

  素朴

- 釋 풀 석 — 放 놓을 방

  釋放

- 損 덜 손 — 害 해할 해

  損害

- 選 가릴 선 — 擇 가릴 택

  選擇

- 損 덜 손 — 失 잃을 실

  損失

- 隨 따를 수 — 扈 따를 호

  隨扈

- 樹 나무 수 — 木 나무 목

  樹木

- 受 받을 수 — 納 들일 납

  受納

- 搜 찾을 수 — 索 찾을 색

  搜索

- 授 줄 수 — 與 더불 여

  授與

- 純 순수할 순 — 潔 깨끗할 결

  純潔

- 崇 높을 숭 — 高 높을 고

  崇高

- 承 이을 승 — 繼 이을 계

  承繼

- 息 쉴 식 — 憩 쉴 게

  息憩

- 身 몸 신 — 體 몸 체

  身體

- 心 마음 심 — 性 성품 성

  心性

- 深 깊을 심 — 濬 깊을 준

  深濬

- 眼 눈 안 — 目 눈 목

  眼目

- 暗 어두울 암 — 黑 검을 흑

  暗黑

- 愛 사랑 애 — 好 좋을 호

  愛好

- 涯 물가 애 — 洙 물가 수

  涯洙

135

- 藥 약 약 — 劑 약제 제
藥劑

- 研 갈 연 — 究 연구할 구
研究

- 養 기를 양 — 飼 기를 사
養飼

- 永 길 영 — 遠 멀 원
永遠

- 樣 모양 양 — 態 모습 태
樣態

- 藝 재주 예 — 術 재주 술
藝術

- 言 말씀 언 — 語 말씀 어
言語

- 梧 오동 오 — 桐 오동 동
梧桐

- 業 일 업 — 務 힘쓸 무
業務

- 傲 거만할 오 — 慢 거만할 만
傲慢

- 輿 수레 여 — 軻 수레 가
輿軻

- 誤 그르칠 오 — 謬 그르칠 류
誤謬

- 連 잇당을 연 — 絡 이을 락
連絡

- 溫 따뜻할 온 — 暖 따뜻할 난
溫暖

- 緣 인연 연 — 由 말미암을 유
緣由

- 完 완전할 완 — 全 온전 전
完全

- 要 요긴할 요 — 求 구할 구

  要求

- 元 으뜸 원 — 霸 으뜸 패

  元霸

- 園 동산 원 — 苑 나라동산 원

  園苑

- 怨 원망할 원 — 恨 한 한

  怨恨

- 偉 클 위 — 大 큰 대

  偉大

- 恩 은혜 은 — 惠 은혜 혜

  恩惠

- 音 소리 음 — 聲 소리 성

  音聲

- 議 의논할 의 — 論 논할 논

  議論

- 意 뜻 의 — 旨 뜻 지

  意旨

- 衣 옷 의 — 服 옷 복

  衣服

- 利 이할 이 — 益 더할 익

  利益

- 認 알 인 — 識 알 식

  認識

- 財 재물 재 — 貨 재물 화

  財貨

- 戰 싸울 전 — 爭 다툴 쟁

  戰爭

- 政 정사 정 — 治 다스릴 치

  政治

- 晶 맑을 정 — 淑 맑을 숙

  晶淑

137

- 調 고를 조 — 和 화할 화

調和

- 尊 높을 존 — 貴 귀할 귀

尊貴

- 存 있을 존 — 在 있을 재

存在

- 卒 군사 졸 — 兵 병사 병

卒兵

- 終 마칠 종 — 末 끝 말

終末

- 終 마칠 종 — 了 마칠 료

終了

- 住 살 주 — 居 살 거

住居

- 重 무거울 중 — 厚 두터울 후

重厚

- 中 가운데 중 — 央 가운데 앙

中央

- 增 더할 증 — 加 더할 가

增加

- 知 알 지 — 識 알 식

知識

- 進 나아갈 진 — 就 나아갈 취

進就

- 窒 막힐 질 — 塞 막을 색

窒塞

- 疾 병 질 — 病 병 병

疾病

- 秩 차례 질 — 序 차례 서

秩序

- 參 참여할 참 — 與 더불 여

參與

- 倉 곳집 창 — 庫 곳집 고

倉庫

- 打 칠 타 — 擊 칠 격

打擊

- 滄 큰바다 창 — 海 바다 해

滄海

- 侵 침노할 침 — 掠 노략질 략

侵掠

- 菜 나물 채 — 蔬 나물 소

菜蔬

- 土 흙 토 — 地 땅 지

土地

- 淸 맑을 청 — 潔 깨끗할 결

淸潔

- 退 물러날 퇴 — 却 물리칠 각

退却

- 充 채울 충 — 滿 찰 만

充滿

- 鬪 싸움 투 — 爭 다툴 쟁

鬪爭

- 測 헤아릴 측 — 量 헤아릴 량

測量

- 皮 가죽 피 — 膚 살갗 부

皮膚

- 層 층 층 — 階 섬돌 계

層階

- 畢 마칠 필 — 竟 마침내 경

畢竟

- 親 친할 친 — 族 겨레 족

親族

- 河 물 하 — 川 내 천

河川

- 下 아래 하 — 降 내릴 강

  下降

- 穴 굴 혈 — 窟 굴 굴

  穴窟

- 學 배울 학 — 習 익힐 습

  學習

- 刑 형벌 형 — 罰 벌할 벌

  刑罰

- 寒 찰 한 — 冷 찰 랭

  寒冷

- 和 화할 화 — 睦 화목할 목

  和睦

- 幸 다행 행 — 福 복 복

  幸福

- 確 굳을 확 — 固 굳을 고

  確固

- 虛 빌 허 — 空 빌 공

  虛空

- 歡 기쁠 환 — 喜 기쁠 희

  歡喜

- 許 허락할 허 — 諾 허락할 낙

  許諾

- 會 모일 회 — 社 모일 사

  會社

- 憲 법 헌 — 法 법 법

  憲法

- 休 쉴 휴 — 息 쉴 식

  休息

- 顯 나타날 현 — 著 나타날 저

  顯著

- 希 바랄 희 — 望 바랄 망

  希望

반대자

- 加 더할 가 ↔ 減 덜 감
- 可 옳을 가 ↔ 否 아닐 부
- 干 방패 간 ↔ 矛 창 모
- 降 내릴 강 ↔ 陟 오를 척
- 江 강 강 ↔ 山 메 산
- 強 강할 강 ↔ 弱 약할 약
- 開 열 개 ↔ 閉 닫을 폐
- 皆 다 개 ↔ 枚 낱 매
- 慨 슬퍼할 개 ↔ 怡 기쁠 이
- 巨 클 거 ↔ 扁 작을 편
- 去 갈 거 ↔ 來 올 래
- 慶 경사 경 ↔ 弔 조상할 조
- 輕 가벼울 경 ↔ 重 무거울 중
- 京 서울 경 ↔ 鄉 시골 향
- 高 높을 고 ↔ 低 낮을 저
- 苦 쓸 고 ↔ 樂 즐거울 락

141

·姑 시어미 고 ↔ 婦 며느리 부	·官 벼슬 관 ↔ 民 백성 민
姑婦	官民

·曲 굽을 곡 ↔ 直 곧을 직	廣 넓을 광 ↔ 陝 좁을 협
曲直	廣陝

·坤 땅 곤 ↔ 旻 하늘 민	敎 가르칠 교 ↔ 學 배울 학
坤旻	敎學

·空 빌 공 ↔ 盈 찰 영	購 살 구 ↔ 販 팔 판
空盈	購販

·功 공 공 ↔ 過 허물 과	君 임금 군 ↔ 臣 신하 신
功過	君臣

·公 공적인 공 ↔ 私 사사 사	·貴 귀할 귀 ↔ 賤 천할 천
公私	貴賤

·攻 칠 공 ↔ 防 막을 방	勤 부지런할 근 ↔ 怠 게으를 태
攻防	勤怠

·攻 칠 공 ↔ 守 지킬 수	·急 미칠 급 ↔ 落 떨어질 락
攻守	急落

- 起 일어날 기 ↔ 伏 업드릴 복

  起伏

- 濃 짙을 농 ↔ 淡 맑을 담

  濃淡

- 起 일어날 기 ↔ 寢 잘 침

  起寢

- 溺 빠질 닉 ↔ 浮 뜰 부

  溺浮

- 吉 길할 길 ↔ 凶 흉할 흉

  吉凶

- 多 많을 다 ↔ 少 적을 소

  多少

- 難 어려울 난 ↔ 易 쉬울 이

  難易

- 斷 끊을 단 ↔ 紹 이을 소

  斷紹

- 男 사내 남 ↔ 女 계집 녀

  男女

- 答 대답 답 ↔ 諮 물을 자

  答諮

- 南 남녘 남 ↔ 北 북녘 북

  南北

- 大 큰 대 ↔ 扁 작을 편

  大扁

- 男 사내 남 ↔ 姬 계집 희

  男姬

- 大 큰 대 ↔ 小 작을 소

  大小

- 內 안 내 ↔ 外 밖 외

  內外

- 悼 슬퍼할 도 ↔ 兌 기쁠 태

  悼兌

143

- 凍 얼 동 ↔ 熔 녹을 용
- 東 동녘 동 ↔ 西 서녘 서
- 貸 빌려줄 대 ↔ 借 빌릴 차
- 動 움직일 동 ↔ 靜 고요할 정
- 同 한가지 동 ↔ 異 다를 이
- 得 얻을 득 ↔ 失 잃을 실
- 裸 벗을 라 ↔ 着 붙을 착
- 拉 끌 랍 ↔ 推 밀 추

- 郞 사내 랑 ↔ 媛 계집 원
- 勞 일할 로 ↔ 使 부릴 사
- 老 늙을 로 ↔ 少 젊을 소
- 漠 넓을 막 ↔ 陝 좁을 협
- 漫 흩어질 만 ↔ 綜 모을 종
- 晩 늦을 만 ↔ 早 이를 조
- 忙 바쁠 망 ↔ 閑 한가할 한
- 賣 팔 매 ↔ 買 살 매

· 枚 낱 매 ↔ 總 다 총	· 民 백성 민 ↔ 后 임금 후
· 明 밝을 명 ↔ 暗 어두울 암	· 博 넓을 박 ↔ 陜 좁을 협
· 矛 창 모 ↔ 盾 방패 순	· 班 나눌 반 ↔ 綜 모을 종
· 問 물을 문 ↔ 兪 대답할 유	· 班 양반 반 ↔ 常 보통 상
· 問 물을 문 ↔ 答 대답 답	· 發 떠날 발 ↔ 着 붙을 착
· 文 글월 문 ↔ 武 호반 무	· 放 놓을 방 ↔ 秉 잡을 병
· 物 물건 물 ↔ 心 마음 심	· 汎 넓을 범 ↔ 陜 좁을 협
· 微 작을 미 ↔ 碩 클 석	· 普 넓을 보 ↔ 陜 좁을 협

- 本 근본 본 ↔ 末 끝 말

本末

- 師 스승 사 ↔ 弟 제자 제

師弟

- 夫 지아비 부 ↔ 婦 지어미 부

夫婦

- 死 죽을 사 ↔ 活 살 활

死活

- 分 나눌 분 ↔ 綜 모을 종

分綜

- 山 메 산 ↔ 川 내 천

山川

- 妃 왕비 비 ↔ 后 임금 후

妃后

- 山 메 산 ↔ 河 물 하

山河

- 卑 낮을 비 ↔ 亢 높을 항

卑亢

- 山 메 산 ↔ 海 바다 해

山海

- 悲 슬플 비 ↔ 兌 기쁠 태

悲兌

- 散 흩을 산 ↔ 綜 모을 종

散綜

- 貧 가난할 빈 ↔ 富 부자 부

貧富

- 賞 상줄 상 ↔ 罰 벌할 벌

賞罰

- 氷 얼음 빙 ↔ 炭 숯 탄

氷炭

- 上 위 상 ↔ 下 아래 하

上下

- 是 옳을 시 ↔ 非 아닐 비

  是非

- 哀 슬플 애 ↔ 怡 기쁠 이

  哀怡

- 始 시작 시 ↔ 終 마칠 종

  始終

- 愛 사랑 애 ↔ 憎 미울 증

  愛憎

- 新 새 신 ↔ 舊 예 구

  新舊

- 哀 슬플 애 ↔ 歡 기쁠 환

  哀歡

- 伸 펼 신 ↔ 縮 줄일 축

  伸縮

- 抑 누를 억 ↔ 揚 날릴 양

  抑揚

- 臣 신하 신 ↔ 后 임금 후

  臣后

- 言 말씀 언 ↔ 行 다닐 행

  言行

- 心 마음 심 ↔ 身 몸 신

  心身

- 與 여당 여 ↔ 野 야당 야

  與野

- 安 편할 안 ↔ 危 위태할 위

  安危

- 逆 거스를 역 ↔ 順 순할 순

  逆順

- 殃 재앙 앙 ↔ 祐 복 우

  殃祐

- 悅 기쁠 열 ↔ 悽 슬퍼할 처

  悅悽

- 厭 싫어할 염 ↔ 好 좋을 호
- 遠 멀 원 ↔ 近 가까울 근
- 玉 구슬 옥 ↔ 石 돌 석
- 有 있을 유 ↔ 無 없을 무
- 溫 따뜻할 온 ↔ 冷 찰 랭
- 陸 뭍 륙 ↔ 海 바다 해
- 穩 편안할 온 ↔ 危 위태할 위
- 隱 숨을 은 ↔ 顯 나타날 현
- 翁 늙은이 옹 ↔ 幼 어릴 유
- 陰 그늘 음 ↔ 陽 볕 양
- 緩 느릴 완 ↔ 急 급할 급
- 離 떠날 리 ↔ 合 합할 합
- 往 갈 왕 ↔ 來 올 래
- 利 이로울 리 ↔ 害 해할 해
- 愚 어리석을 우 ↔ 賢 어질 현
- 因 인할 인 ↔ 果 결과 과

- 日 날 일 ↔ 月 달 월

日 月

- 災 재앙 재 ↔ 祜 복 호

災 祜

- 入 들 입 ↔ 出 날 출

入 出

- 低 낮을 저 ↔ 峻 높을 준

低 峻

- 姉 손윗누이 자 ↔ 妹 누이 매

姉 妹

- 戰 싸움 전 ↔ 和 화할 화

戰 和

- 自 스스로 자 ↔ 他 남 타

自 他

- 前 앞 전 ↔ 後 뒤 후

前 後

- 雌 암컷 자 ↔ 雄 수컷 웅

雌 雄

- 正 바를 정 ↔ 誤 그르칠 오

正 誤

- 長 길 장 ↔ 短 짧을 단

長 短

- 淨 깨끗할 정 ↔ 汚 더러울 오

淨 汚

- 將 장수 장 ↔ 兵 병사 병

將 兵

- 早 이를 조 ↔ 晚 늦을 만

早 晚

- 將 장수 장 ↔ 卒 병사 졸

將 卒

- 朝 아침 조 ↔ 夕 저녁 석

朝 夕

· 存 있을 존 ↔ 亡 망할 망	· 遲 더딜 지 ↔ 速 빠를 속
存亡	遲速

· 存 있을 존 ↔ 廢 버릴 폐	· 地 땅 지 ↔ 旻 하늘 민
存廢	地旻

· 縱 세로 종 ↔ 橫 가로 횡	· 眞 참 진 ↔ 假 거짓 가
縱橫	眞假

· 左 왼 좌 ↔ 右 오른 우	· 眞 참 진 ↔ 僞 거짓 위
左右	眞僞

· 主 주인 주 ↔ 客 손님 객	· 進 나아갈 진 ↔ 退 물러날 퇴
主客	進退

· 晝 낮 주 ↔ 夜 밤 야	· 集 모을 집 ↔ 配 나눌 배
晝夜	集配

· 主 주인 주 ↔ 從 좇을 종	· 集 모을 집 ↔ 散 흩어질 산
主從	集散

· 增 더할 증 ↔ 減 덜 감	· 贊 찬성할 찬 ↔ 反 반대할 반
增減	贊反